CARTAS DA TRINCHEIRA

Universidade Estadual de Campinas

Reitor
Antonio José de Almeida Meirelles

Coordenadora Geral da Universidade
Maria Luiza Moretti

Conselho Editorial

Presidente
Edwiges Maria Morato

Carlos Raul Etulain – Cicero Romão Resende de Araujo
Dirce Djanira Pacheco e Zan – Frederico Augusto Garcia Fernandes
Iara Beleli – Marco Aurélio Cremasco – Pedro Cunha de Holanda
Sávio Machado Cavalcante – Verónica Andrea González-López

Editora da Universidade Federal de São Paulo

Reitora
Raiane Patrícia Severino Assumpção

Conselho Editorial

Presidente
Mirhiane Mendes de Abreu

André Medina Carone – Arlenice Almeida da Silva
Daniel Campos de Carvalho – Elbert Einstein Nehrer Macau
Valeria Reginatto Spiller – Luiz Eugênio de Araújo de Moraes Mello
Márcia Azevedo de Abreu – Maria de Fátima Morethy Couto
Mauro Aquiles La Scalea – Ronaldo Adriano Christofoletti

CARTAS DA TRINCHEIRA

*Correspondência entre Guilherme
de Almeida e sua musa (1932)*

Introdução, organização e estabelecimento de texto:
Maria Eugenia Boaventura

FICHA CATALOGRÁFICA ELABORADA PELO
SISTEMA DE BIBLIOTECAS DA UNICAMP
DIVISÃO DE TRATAMENTO DA INFORMAÇÃO
Bibliotecária: Gardênia Garcia Benossi – CRB-8ª / 8644

C241   Cartas da trincheira : correspondência entre Guilherme de Almeida e a sua musa (1932) / Introdução, organização e estabelecimento de texto : Maria Eugenia Boaventura – Campinas, SP : Editora da Unicamp ; São Paulo, SP : Editora Unifesp, 2024.

1. Almeida, Guilherme de, 1890-1969 - Cartas. 2. Amaral, Belkiss Barrozo do, 1901-1988. 3. Brasil - História - Revolução Constitucionalista - 1932. 4. Cartas. I. Boaventura, Maria Eugenia. II. Título.

CDD – B869.65
– 981.0621

ISBN: 978-85-268-1731-9 (Editora da Unicamp)
ISBN: 978-65-5632-196-7 (Editora Unifesp)

Copyright © by Herdeiros de Guilherme de Almeida
Copyright © by Maria Eugenia Boaventura
Copyright © 2024 by Editora da Unicamp e Editora Unifesp

Opiniões, hipóteses e conclusões ou recomendações expressas
neste livro são de responsabilidade dos autores e não
necessariamente refletem a visão da Editora da Unicamp e Editora Unifesp.

Direitos reservados e protegidos pela lei 9.610 de 19.2.1998.
É proibida a reprodução total ou parcial sem autorização,
por escrito, dos detentores dos direitos.

Foi feito o depósito legal.

Direitos reservados a

Editora da Unicamp
Rua Sérgio Buarque de Holanda, 421 – 3º andar
Campus Unicamp
CEP 13083-859 – Campinas – SP – Brasil
Tel./Fax: (19) 3521-7718 / 7728
www.editoraunicamp.com.br
vendas@editora.unicamp.br

Editora Unifesp
Rua Sena Madureira, 1500 – 5º andar
Vila Clementino
CEP 04021-001 – São Paulo – SP – Brasil
Tel.: (11) 3385-4343 ramal 8393
www.editoraunifesp.com.br | www.livrariaunifesp.com.br
vendas@editoraunifesp.com

Agradecimentos

Anna Martha Villares
Maria Isabel Barrozo de Almeida
Roberta de Moura Botelho
Rogério Carvalho

SUMÁRIO

11 Nota sobre os textos

13 Introdução – Cartas de um "paulista poeta" à sua musa
Por Maria Eugenia Boaventura

39 De Baby (Belkiss Barrozo do Amaral)
Para Guilherme de Almeida

91 De Guilherme de Almeida
Para Baby (Belkiss Barrozo do Amaral)

NOTA SOBRE OS TEXTOS

Todas as cartas são autógrafas e à tinta. As suas datas foram padronizadas. Atualizamos a ortografia e mantivemos a pontuação original, apenas corrigimos eventuais gralhas. Trechos cujo entendimento não ficou claro, assinalamos com [sic]. Os nomes próprios foram mantidos em sua grafia original.

A descrição do suporte das cartas aparece sempre no final de cada documento entre colchetes, bem como a dos envelopes, quando foi possível identificá-los. Acusamos em nota as passagens escritas nas margens da folha de papel.

O material aqui reproduzido constitui o Fundo Guilherme de Almeida, do Centro de Documentação Cultural Alexandre Eulalio do Instituto de Estudos da Linguagem da Universidade Estadual de Campinas (Cedae/IEL-Unicamp), adquirido durante a gestão do reitor Fernando Costa, por iniciativa do professor Alcir Pécora.

INTRODUÇÃO

CARTAS DE UM "PAULISTA POETA" À SUA MUSA

Maria Eugenia Boaventura

Guilherme de Andrade Almeida (1890-1969) nasceu em Campinas, diplomou-se pela Faculdade de Direito na capital do estado, em 1912, sendo colega e amigo de Oswald de Andrade (1890-1954), de quem foi parceiro na dramaturgia (*Leur âme* e *Mon coeur balance*, 1916, e *O perfeito cozinheiro das almas desse mundo...*, 1918).

Exerceu intensamente a atividade jornalística, sobretudo depois que abandonou a carreira de advogado e promotor, incentivado por seu pai, o jurista e professor Estevam de Almeida (1863-1926). Publicou, quando jovem, em inúmeras revistas ainda hoje conhecidas, tais como *A Cigarra* (onde estreou em francês), *Onze de Agosto*, *O Pirralho*, *A Vida Moderna*, *Panóplia*, nos anos 10 do século XX. Foi redator de *O Estadinho* (1917), tiragem noturna de *O Estado de S. Paulo*, e depois, também nesse jornal, em diversos momentos até 1943, tendo assinado várias seções de crônicas diárias, bem como no *Diário Nacional* (1927), na seção "Pela Cidade";[1] criou programas semanais na Rádio Cruzeiro do Sul – "Momentos de Poesia", *Preview* – sobre cinema (1933), bem como

---

[1] Cf. Frederico Pessoa de Barros (org.). *Pela cidade*. São Paulo, Martins Fontes, 2004.

na Rádio Difusora de S. Paulo; dirigiu a *Folha da Manhã* e a *Folha da Noite* (1943-1945); fundou o *Jornal de S. Paulo* (1945). Foi ainda redator do *Diário de S. Paulo* (1947-1957) e da *Manchete* (1958). Participou da Semana de Arte Moderna, colaborou na famosa revista *Klaxon* (1922), cuja capa irreverente foi de sua autoria, e em muitos outros periódicos do Modernismo, como *Paulistana* (1927), da qual também foi diretor e ilustrador, ajudado por Di Cavalcanti, autor de vistosas ilustrações. Escrevia em francês, italiano e espanhol; talvez tenha sido o poeta modernista mais popular, publicando cerca de 50 livros de poesia e tradução, todos com sucessivas reedições.

Ajudou a fundar o Teatro Brasileiro de Comédia, o TBC (1948), e a Companhia Cinematográfica Vera Cruz (1949). Exerceu vários cargos públicos, desde os mais permanentes, como a Secretaria da Escola Normal Padre Anchieta (1923-1954), até aqueles mais efêmeros, a exemplo de chefe da Divisão de Expansão Cultural da Prefeitura de São Paulo (1935); oficial de gabinete do interventor Fernando Costa (1941); secretário-geral do Conselho Estadual de Bibliotecas e Museus (1943--1948); chefe de gabinete do prefeito Lineu Prestes (1948); presidente da Comissão do IV Centenário da Cidade de São Paulo (1954). Tornou-se membro do Instituto Geográfico e Histórico de São Paulo; presidente da Associação Paulista de Imprensa (1937-1939); integrou o Seminário de Estudos Galegos (Santiago de Compostela) e o Instituto de Coimbra. Convidado pelo presidente Juscelino Kubitscheck, fez o discurso oficial da inauguração de Brasília. Interessou-se também pela heráldica, tendo criado os brasões de armas das seguintes cidades: São Paulo, Caconde (SP), Iacanga (SP), Embu (SP), Petrópolis (RJ), Volta Redonda (RJ), Londrina (PR), Brasília (DF) e Guaxupé (MG). Elegeu-se para a Academia Paulista de Letras (1928), em seguida para a Academia Brasileira de Letras (1930), da mesma forma Príncipe dos Poetas Brasileiros (1958) e recebeu a *Legion d'honneur* (alta condecoração honorífica da França).

Belkiss Barrozo do Amaral, ou melhor, Baby (1901-1988), casou-se com o poeta modernista Guilherme de Almeida em 1923; eles tiveram um filho em 1924 – Guy Sérgio Haroldo Estevam Zózimo Barrozo de Almeida. Baby foi retratada por vários artistas do século passado, tais como Di Cavalcanti – 1924; Reis Jr. – 1926; Lasar Segall – 1927; Anita Malfatti – 1930; Wagner Castro – 1940; Quirino da Silva – 1942; Noêmia – 1942; Sanson Flexor – 1948; Vittorio Gobbis – 1951; e esculpida por William Zadig. Era uma mulher moderna, bem formada, desinibida, fluente no francês; gostava de vestir-se de acordo com o seu tempo, lançando, volta e meia, um modelo novo de corte de cabelo, como mostram os seus retratistas. Cearense (filha do importante engenheiro Zózimo Barrozo do Amaral, colaborador do prefeito carioca Pereira Passos, e prima do famoso jornalista com o mesmo nome do avô), educada na Europa, viveu muito tempo no Rio de Janeiro, mas adaptou-se bem à vida paulistana e invariavelmente atuava com seu marido, sobretudo nas atividades sociais e culturais. Era tida como uma pessoa expansiva e ao mesmo tempo misteriosa. Católica praticante, tinha presença assídua nas missas dominicais, colecionava imagens antigas dos santos de sua devoção, na sua residência decorada com objetos de arte e peças da época colonial. Em fotografias de grupo de artistas e escritores da época, lá estava ela. O casal não se separava, inclusive Baby acompanhou o poeta na célebre excursão por alguns estados para divulgar o Modernismo com a conferência "Revelação do Brasil pela poesia moderna" (1925).[2]

A chamada Revolução Constitucionalista (1932) e a incondicional adesão de Guilherme transformaram-se em assuntos polêmicos. Quando o então presidente Getúlio Vargas começou a tomar medidas políticas consideradas injuriosas e humilhantes pelos paulistas, o cronista de "Eco ao longo de meus passos", que reputava essa atitude como "uma marcha contra São Paulo", assumiu a condição de um dos críticos ferrenhos da nova República. Tão logo a revolta se iniciou, no dia 9 de julho

---

[2] Entre setembro e novembro de 1925, o casal esteve em Porto Alegre e Recife. A conferência foi publicada no Suplemento Literário de O Estado de S. Paulo em 17 de fevereiro de 1962.

daquele ano, alistou-se intempestivamente como soldado raso na 2ª Companhia do 1º Batalhão da Liga de Defesa Paulista.[3] Em consequência desse ardoroso engajamento, exilou-se em Portugal, depois da derrota (1932-1933).

O poeta português Leitão de Barros, em dezembro de 1932, ao receber Guilherme, em sessão solene na Academia de Ciências de Lisboa, como um dos grandes poetas da língua portuguesa, concluiu seu discurso com a seguinte observação:

> [...] o poeta que luta, de armas na mão, por uma causa oportuna ou inoportuna, útil ou inútil, mostra ser claramente, indiscutivelmente, um idealista extremo – e que a sua poesia, a sua faculdade poética, assentam em bases de inabalável solidez, porque nasce de uma sôfrega sede de altura e de um profundo anseio de superar as inércias quotidianas, as covardias e as hesitações que nos diminuem.

Todavia, Guilherme preferia definir-se não como um "poeta paulista", mas como um "paulista poeta".

Enviado inicialmente para a região de Pindamonhangaba, ficou em Cunha, depois em Guaratinguetá, no "Batalhão de Doutores", junto com seus irmãos, Tácito, Antônio Joaquim e Estevinho, mais Carlos Pinto Alves, Rubens Borba de Morais, Antônio Gomide, Alfredo Ellis Júnior, Carlos de Morais Andrade, René Thiollier, Sérgio Milliet, entre outros. O grupo, além de Antônio Carlos Couto de Barros (dispensado para dirigir a Liga na capital), reuniu intelectuais engajados, voltados primordialmente para impulsionar a vida cultural, econômica, política e social do estado de São Paulo.[4] Imaginava-se que essa revolta duraria

---

[3] Entidade criada por iniciativa de estudantes das escolas de direito, medicina e engenharia. Extinta em 1924, refundada em 1931, por Tácito de Almeida, para lutar pelos direitos de São Paulo, contou com a participação de outros escritores modernistas.

[4] Cf. Maria Eugenia Boaventura. *Couto de Barros: a elite nos bastidores do Modernismo paulista (1896-1966)*. Campinas/Cotia, Editora da Unicamp/Ateliê, 2022.

pouco tempo e o entusiasmo dos paulistas seria suficiente para a vitória. A demora no seu desfecho começou a desagradar aos combatentes, como o nosso missivista – "Mas isto está durando".

Como disse, pareceu controvertida a sua participação nesse movimento. Alguns consideravam que teria sido mais proveitosa a presença do escritor na capital com o objetivo de operar na Liga, sobretudo no setor de comunicação e imprensa, onde atuavam Antônio Carlos Couto de Barros, Bento Camargo, Vivaldo Coaracy, Mário de Andrade, entre outros. Sobre o comprometimento apressado daqueles intelectuais, o jornalista Coaracy ponderava:

> Converse com o Carlos e o Tácito. Vocês três nos fazem aqui uma grande falta. Eu sempre lhe disse que achava um erro a precipitação com que vocês se alistaram no nosso batalhão e seguiram para as trincheiras, quando os seus serviços poderiam ser muito mais eficientes aqui.[5]

Esse alistamento abrupto talvez tenha sido uma questão de simbologia. No caso de Guilherme, jornalista, escritor de sucesso, membro da Academia Brasileira de Letras (ABL), a sua presença e a de outras personalidades poderiam animar as tropas, estimular o alistamento de jovens e chamar atenção dos colegas de outros estados a propósito da situação de São Paulo. De fato, houve boa recepção ao chamado Batalhão de Doutores nas cidades de Cunha (apreciada por sua arquitetura antiga e pelos objetos a serem garimpados para decoração) e Guaratinguetá, sobretudo vinda dos soldados. Resultou também na ajuda com hospedagem e alimentação. Sem falar no assédio das jovens, em torno do escritor famoso, perfeitamente aceitável da parte de sua mulher, pois encarava isso como uma possibilidade de diversão para os combatentes. Do mesmo modo, alimentou a cobertura da imprensa a respeito da participação do poeta nessa guerra.

---

[5] Carta a Guilherme de Almeida, datada de 7 de agosto 1932. Fundo Guilherme de Almeida, IEL/Unicamp.

Entretanto, apesar dessa repercussão, a Academia Brasileira de Letras parece não ter respondido ao seu requerimento (ver anexo) cobrando um pronunciamento da entidade sobre a guerra. Guilherme resolveu transformá-lo numa carta pública, como se fosse feito e divulgado em nome de São Paulo. O texto saiu do domínio privado – comunidade de acadêmicos – para uma leitura nas rádios e publicação em vários jornais.[6] A estratégia foi ressaltar a sua condição de único membro da ABL participante no conflito. Acreditava que essa fala, a partir da zona de guerra, conferia-lhe autoridade para enfatizar a injustiça feita a seu estado e, principalmente, tentar obter apoio. Apelava para que houvesse uma manifestação inequívoca sobre o movimento constitucionalista brasileiro, "reação altamente intelectual, que unicamente visa, pela força da Lei, reerguer o Brasil que o regime ditatorial afundou na anarquia". Considerava legítimo, na qualidade de acadêmico e "soldado dos exércitos da lei", o direito de ouvir seus pares sobre o ideal que abraçara.

A epistolografia alimentava a atuação poética do escritor. Várias obras foram derivadas dessa experiência: *Carta à minha noiva* (1923), *Cartas que eu não mandei* (1932), *Cartas do meu amor* (1941). Antes de se casar, ainda vivendo no Rio de Janeiro, sem se conhecerem pessoalmente, assinando com o pseudônimo Ivonne, Baby trocou cartas amorosas em francês com Guilherme, que as respondeu para uma espécie de caixa postal, durante pelo menos um ano. Esse conjunto serviu de base para aquele último livro, ilustrado por Noêmia,[7] como revelou a sua neta Maria Isabel Barrozo de Almeida.[8]

---

[6] *O Estado de S. Paulo*, 8 de setembro de 1932. *Folha da Noite*, 8 de setembro de 1932, p. 1. *Diário de S. Paulo*, 8 de setembro de 1932.
[7] Noêmia Mourão, pintora, desenhista, cenógrafa, foi casada com o pintor Di Cavalcanti.
[8] Ver Maria Isabel Barrozo de Almeida. "Um romântico entre os haicaístas". *Monografias. Guilherme de Almeida*. São Paulo, Aliança Cultural Brasil-Japão, 2008.

REQUERIMENTO E PROPOSTA APRESENTADOS PELO ACADEMICO
GUILHERME DE ALMEIDA, NA SESSÃO ORDINARIA DA ACADEMIA BRASILEIRA DE
LETRAS DE 8 DE SETEMBRO DE 1932

"Sr. Presidente

Guilherme de Almeida, membro effectivo da Academia Brasileira de Letras, usando das prerogativas que lhe confere a letra "e" do Cap. I, art. 1º, § 2º dos Estatutos, mas não podendo, por força das circumstancias, estar presente á sessão ordinaria de 8 de setembro de 1932 nem apresentar "por escripto", como exige o citado dispositivo regulamentar, a indicação que vae apresentar, pede a V.Exia. se digne receber, transmittida pelo radio (unico vehiculo que a situação anormal ainda permitte usar entre Rio e S.Paulo), e submetter á discussão e votação da illustre assembléa a seguinte proposta:

considerando que o actual movimento constitucionalista encabeçado por S.Paulo e Matto Grosso e já auspiciado pelas adhesões dos Estados do Rio Grande do Sul e de Minas, é, por sua natureza mesma, não uma acção de politicos, mas uma reacção altamente intellectual, que unicamente visa, pela força nobre da Lei, reerguer o Brasil que o regimen dictatorial afundou na anarchia;

considerando que a Academia Brasileira de Letras, sendo a mais graduada e significativa corporação intellectual do paiz e entidade officialmente reconhecida de utilidade publica, não póde, sem fugir ás suas altas, legitimas finalidades, ou trahir a superior mentalidade de que representa, ou furtar-se ao cumprimento dos sagrados deveres moraes e patrioticos, deixar de tomar conhecimento e assumir attitude ante a campanha constitucionalista que ora empolga o povo brasileiro;

considerando que uma neutralidade, neste momento vital e decisivo para a nossa raça e nossa civilização, não corresponderia ás nobilissimas tradições da Academia Brasileira de Letras;

considerando que, entretanto, ainda não chegou ao conhecimento dos brasileiros que se batem pela Constituição qualquer pensamento da Academia sobre a causa que defendem;

considerando, afinal, que o proponente, soldado dos exercitos da Lei, unico talvez sahido das fileiras academicas, assiste de certa maneira o direito de ouvir a opinião dos seus pares sobre o ideal que livremente abraçou e a attitude definida que definitivamente tomou:

propõe que a Academia Brasileira de Letras, sob qualquer forma e em qualquer sentido se manifeste, urgentemente e de modo inequivoco, sobre o movimento constitucionalista brasileiro".

S.Paulo, 7 de setembro de 1932.

Guilherme de Almeida

Original do requerimento assinado por Guilherme enviado à ABL e, nas páginas seguintes, sua reprodução em vários jornais.

A ACADEMIA BRASILEIRA E A REVOLUÇÃO

O academico Guilherme de Almeida requer que a Companhia se manifeste

Guilherme de Almeida, soldado do Batalhão da Liga de Defesa Paulista no exercito constitucionalista, e membro da Academia Brasileira de Letras, vae dirigir hoje áquella corporação, pelo radio, opportuno requerimento visando compettil-a a manifestar-se acerca do movimento iniciado por São Paulo e Mato Grosso em pról da Constituição.

O nosso prezado companheiro de redacção, que é membro da Academia Brasileira de Letras desde Junho de 1930, tem assistido a varias sessões, mas até hoje nenhuma proposta nem requerimento apresentara á corporação. E' pois esta a primeira vez que o distincto poeta se manifesta em sessão ordinaria da Academia, embora, em virtude da situação, o tivesse que fazer por intermedio do radio.

A sua proposta será irradiada repetidamente desde esta madrugada até ás 17 horas, em que se iniciam as sessões ordinarias da Academia.

São os seguintes os termos do requerimento de Guilherme de Almeida:

"Sr. Presidente,
Guilherme de Almeida, membro effectivo da Academia Brasileira de Letras, usando das prerogativas que lhe confere a letra "c" do Cap. I, artigo 1.o, paragrapho 2.o dos Estatutos, mas não podendo, por força das circumstancias, estar presente á sessão ordinaria de 8 de Setembro de 1932 nem apresentar "por escripto", como exige o citado dispositivo regulamentar, a indicação que vae apresentar, pede a v. exa. se digne receber, transmittida pelo radio (unico vehiculo que a situação anormal ainda permitte usar entre Rio e São Paulo), e submetter á discussão e votação da illustre assembléa, a seguinte proposta:

Considerando que o actual movimento constitucionalista, encabeçado por São Paulo e Mato Grosso e já auspiciado pelas adhesões dos Estados do Rio Grande do Sul e de Minas, é, por sua natureza mesma, não uma acção de politicos, mas uma reacção altamente intellectual, que unicamente visa, pela força nobre da Lei, reerguer o Brasil que o regimen dictatorial afundou na anarchia;

considerando que a Academia Brasileira de Letras, sendo a mais graduada e significativa corporação intellectual do paiz e entidade officialmente reconhecida de utilidade publica, não póde, sem fugir ás suas altas e legitimas finalidades, ou trahir a superior mentalidade que representa, ou furtar-se ao cumprimento de sagrados deveres moraes e patrioticos, deixar de assumir attitude ante a campanha constitucionalista que ora empolga o povo brasileiro;

considerando que uma neutralidade, neste momento vital e decisivo para nossa raça e nossa civilisação, não corresponderia ás nobilissimas tradições de dignidade e coragem da Academia Brasileira de Letras;

considerando que, entretanto, ainda não chegou ao conhecimento dos brasileiros que se batem pela constituição, qualquer pensamento da Academia sobre a causa que defendem;

considerando, afinal, que o proponente, soldado dos exercitos da Lei, unico talvez sahido das fileiras academicas, assiste de certa maneira o direito de ouvir a opinião dos seus pares sobre o ideal que livremente abraçou e a attitude definida que definitivamente tomou:

propõe que a Academia Brasileira de Letras, sob qualquer forma e em qualquer sentido se manifeste, urgentemente, de modo inequivoco, sobre o movimento constitucionalista brasileiro.

São Paulo, 7 de Setembro de 1932. — (a) Guilherme de Almeida."

FOLHA
Paulo — Quinta-

que a Academia
sobre o movi

...OSTA APRESENTADA,

...orridos dois mezes ...do movimento cons...da não se conhe... pensamento da ...ra de Letras so... respeitavel co... convidado pelo ...e de Almeida, ...se sentido. E, ...ar da reunião ...o Petit Tria... aquelle poe... iedio do ra...a, que será é ás 17 ho...

...membro ...Brasileira ...rerogati...— "c" do ...pho 2.o ...dendo, ...estar ...de 8 ...essen... ge o ...r, a ...pe... ...lo ...

O ESTADO DE S. PAULO — QUINTA-FEIRA, 8 DE SETEMBRO DE 1932.

DA NOITE

8 de Setembro de 1932

...ileira de Letras se p...
...o constitucionalista...

...ENTIDO, PELO ACADEMICO ...
...LMEIDA

considera[ndo...]
Brasileira d[e Letras...]
graduada e [...]
ção intelec[tual...]
officialmen[te...]
lidade pub[lica...]
gir ás su[as...]
dades, ou [trair...]
lidade q[ue...]
ao cum[primento...]
veres de [...]
de assu[mir...]
nha co[nstitucionalista...]
polga [o povo brasileiro...]
co[nsiderando...]
dade[...]
cisiv[o...]
vili[zação...]
nob[ilissimas...]
de [...]
let[...]

a[...]
t[...]
...
...

reacção altam[ente...]
unicamente [...]
da Lei, re[erguer...]
regime dict[atorial...]
archia;

DIARIO DE S. PAULO — Quinta-feira, 8 — 9 — 1932

ACADEMICO GUILHERME DE ALMEIDA CONVIDA A ACADEMIA BRASILEIRA A SE MANIFESTAR SOBRE O MOVIMENTO CONSTITUCIONALISTA

O sr. Guilherme de Almeida, soldado do Batalhão da Liga de Defesa Paulista e membro da Academia Brasileira de Letras apresentará hoje, á sessão daquelle Instituto o requerimento e proposta que publicamos abaixo. Impossibilitado, porém, de comparecer pessoalmente á reunião, o academico paulista, á hora regimental, falará pelo radio, nesta Capital, as seguintes palavras:

"Sr. presidente.

Guilherme de Almeida, membro effetivo da Academia Brasileira de Letras, usando das prerrogativas que lhe confere a letra "c" do capítulo I, art. 1.o, paragr. 2.o dos Estatutos, mas não podendo, por força das circumstancias, estar presente á sessão ordinaria de 8 de setembro de 1932, nem apresentar "por escripto", como exige o art. do dispositivo regulamentar, a indicação que vai apresentar, pede a v. excia. se digne receber, transmittida pelo radio (unico veiculo que a situação anormal ainda permitte usar entre Rio e S. Paulo) e submeter á discussão e votação da illustre assembléa a seguinte proposta:

Considerando que o atual movimento constitucionalista, encabeçado por S. Paulo e Mato Grosso e já auspiciado pelas adesões dos Estados do Rio Grande do Sul e de Minas, é, por sua natureza mesma, não uma acção de politicos, mas uma reação altamente intelectual, que unicamente visa, pela força nobre da Lei, reerguer o Brasil que o regime ditatorial afundou na anarquia;

considerando que a Academia Brasileira de Letras, sendo a mais graduada e significativa corporação intelectual do paiz e entidade officialmente reconhecida de utilidade publica, não póde, sem fugir ás suas altas, legitimas finalidades, ou trair a superior mentalidade que representa, ou furtar-se ao cumprimento de sagrados deveres moraes e patrioticos, deixar de assumir attitude ante a campanha constitucionalista que ora empolga o povo brasileiro;

considerando que, neste momento vital e decisivo para nossa raça e nossa civilização, não corresponderia ás nobilissimas tradições de dignidade e coragem da Academia Brasileira de Letras;

considerando, entretanto, ainda não chegou ao conhecimento dos brasileiros que se batem pela Constituição, qualquer pensamento da Academia sobre a causa que defendem;

considerando, afinal, que o proponente, soldado dos Exercitos da Lei, unico talvez saido das fileiras academicas, assiste de certa maneira o direito de ouvir a opinião dos seus pares sobre o ideal que livremente abraçou e a attitude definida que definitivamente tomou:

propõe que a Academia Brasileira de Letras, sob qualquer fórma e em qualquer sentido se manifeste, urgentemente e de modo inequivoco, sobre o movimento constitucionalista brasileiro".

S. Paulo, 7 de setembro de 1932.

(a) Guilherme de Almeida.

É sabido que os modernistas de modo geral tiveram consciência de seu papel histórico, preservando vasta documentação, mesmo tendo uma vida agitada de mudanças de endereço, viagens, guerras, separações amorosas etc. Entre outros documentos, cartas íntimas foram conservadas no arquivo do escritor, apesar do risco de serem mais tarde divulgadas, como no caso em questão. Ao montar este volume, inspirei-me na recomendação do poeta-soldado à sua mulher de conservar fotos, objetos, documentos diversos sobre o movimento de 1932, convicto de sua importância futura. Uma sorte para o leitor, que terá agora um livro com pretensão de restaurar certa trama particular, num momento complexo da história paulista, a partir do ponto de vista desse casal. Ainda pode transformar-se numa espécie de *voyeur*, curioso por embrenhar-se pelo desenrolar desse distanciamento.

A partir de 25 de julho desse ano, começou essa nova série de correspondência entre Guilherme e Baby. Durou até 15 de agosto, quando o escritor retornou a São Paulo, chamado por Bertoldo Klinger, o comandante-militar daquela Revolução. Esse singelo conjunto funciona como porta-voz de estratégias políticas, socioculturais e afetivas; opera ainda como uma crônica das convenções sociais de determinada classe. Por exemplo, os envelopes, subscritos pelo poeta à sua mulher, não declaravam o nome civil dela. Em todos esses paratextos o destinatário é invariavelmente a "*Madame* Guilherme de Almeida", e o endereço, a residência do casal, Alameda Ribeirão Preto 12, mesmo se a carta fosse entregue por um portador amigo. Talvez uma artimanha para evitar a exposição pessoal da sua musa, ou seguir convenções de praxe de uma sociedade provinciana, em relação ao estatuto de uma mulher casada. Pode parecer espantosa tal atitude em se tratando de um escritor modernista militante, que pretendia, com sua atuação intelectual, quebrar paradigmas. Mas a historiografia literária brasileira do movimento revela esse tipo de contradição, unânime pelo menos entre os nomes mais conhecidos.

A disposição de modo contínuo da correspondência, nesta antologia, obedeceu à ordem cronológica de produção: numa parte, as de autoria de Baby; na outra, as do poeta. Num total de 42 cartas, todas autógrafas e à tinta, 21 de cada um. Preferimos não intercalar os textos dos dois missivistas, pois às vezes a resposta de um ou de outro não necessariamente coincidia. Havia uma quebra do ritmo temporal na sua recepção, alheia à vontade deles, como vamos ver.

Uma das rotinas de Baby, nesse período de afastamento do amado, era levar suas cartas até a sede da Liga de Defesa Paulista (organizadora do "Batalhão de Doutores"), localizada no centro da cidade, na rua João Brícola, onde recebiam o carimbo vermelho, a fim de serem juntadas ao Correio Militar, antes de seguir para o campo de batalha, apesar das queixas generalizadas em relação à sua pontualidade. Ali, também se inteirava das novidades e recebia notícias do marido. Havia ainda a possibilidade de usar o correio do MMDC (sigla de uma das organizações revolucionárias, a que homenageava os estudantes mortos em conflito de rua na capital, fato que apressou o início desse movimento, com as iniciais dos nomes de cada um: Euclides Miragaia, Mário Martins de Almeida, Dráusio Marcondes de Sousa e Antônio Camargo de Andrade), ou o serviço postal oficial, como fez Guilherme. Na sucessão dos textos, muitas vezes as notícias se repetiam, consequência de um embaralhamento na entrega, ocasionando algum ruído, pois nem sempre as cartas chegavam com regularidade, ou seja, na mesma ordem cronológica da sua concepção. Acontecia de receberem várias no mesmo dia, ou não, contribuindo para que o tempo da escritura ficasse muito afastado do momento da leitura. Apelavam também para a estratégia de confiar as cartas a algum conhecido de passagem pela região conflagrada, ou a combatentes em trânsito na capital. Esses contratempos provocavam pequenos mal-entendidos, porque as cartas de Baby demandavam reação imediata, provocavam o diálogo, supunham uma resposta rápida. Processo natural nesse suporte caracterizado pela alternância emissor/receptor. Um ritmo vital em época de conflito e meios de comunicação precários, quando o telefone não funcionava a contento e era de acesso restrito, ou seja, para poucos, no interior do estado.

Trata-se de um agrupamento de cartas comuns, sobre coisas banais. Um comum diferente da reconhecida obviedade das cartas de outro poeta, Fernando Pessoa, à sua namorada Ophélia de Queiroz, detectada por Antonio Trabuchi (na sua bela introdução à edição desses textos), bem como longe da monumentalidade da correspondência de Lobo Antunes, proveniente da guerra colonial na África, para sua mulher. Distante também da linguagem ácida do humor negro das cartas de guerra de outro poeta – Jacques Vaché –, enviadas aos seus amigos surrealistas André Breton, Théodore Fraenkel e Louis Aragon. Esse aparente "monumento de insignificância" (para usar a nomenclatura de Alexandre Eulalio, inspirada na observação de Augusto Meyer, em relação a uma carta de Machado de Assis), a depender da apropriação pessoal de cada leitor, pode reportar a determinada vigência histórica e social importante. E, conforme agudamente mostrou Alexandre, pode oferecer bem mais do que apenas um "modelo de discreta insignificância".[9]

Aqui interessa ressaltar a estatura das personalidades envolvidas e esse contexto. Não importa quão banal fosse o assunto dessas cartas

---

[9] Antonio Trabuchi. "Um Fausto em gabardina". *Fernando Pessoa. Cartas a Ophélia*. São Paulo, Globo, 2013, p. 8 (Col. Biblioteca Azul); Maria José & Joana Lobo Antunes (org.). *Cartas da Guerra d'este Viver aqui neste Papel Descripto*. Lisboa, Dom Quixote, 2005; Jacques Vaché. *Lettres de guerre*. Paris, Au Sans Pareil, 1919, e edição brasileira: *Cartas de guerra*. Trad. Diogo Cardoso. São Paulo, 100/Cabeças, 2021; Carlos Augusto Calil & Maria Eugenia Boaventura (org.). "Em torno de uma carta". *Livro involuntário. Alexandre Eulalio*. Rio de Janeiro, UFRJ, 1993, p. 207. Ver, ainda, por sugestão de um dos pareceristas, a quem agradecemos: "O homem subterrâneo". Augusto Meyer. *Textos críticos*. Org. João Alexandre Barbosa. São Paulo, Perspectiva/INL, 1986, p. 199.

de marido e mulher apaixonados. O alcance delas funcionava como um atenuante, em que cada um dos envolvidos tinha o poder, mesmo a distância, de participar da vida do outro, diminuir a nostalgia da presença interrompida provisoriamente e imaginar a antecipação do retorno breve; serviam também para medir a repercussão da luta na vida pessoal, dos seus familiares, dos amigos, e para também clarear os bastidores desse conflito.

A linguagem simples, em tom de conversa, dá conta da intimidade e do afeto do casal, a exemplo do tratamento carinhoso – "Guilherminho querido", ou "baby meu amorzinho", "baby adorada", "baby meu amor", "babyzinha", "babyzinha querida", "meu amor", "meu amorzinho". O registro é familiar, despojado, de uma clareza telegráfica no que diz respeito aos textos do Guilherme. Baby reclamava dessa brevidade, no seu entender, com descrições e dados insuficientes. Queixava-se ainda da sua inconstância. Injustamente, considerando o número de 21 cartas de cada um. Encarava como uma desfeita (quebra do compromisso epistolar que supõe reciprocidade). Desejava receber uma espécie de diário exaustivo e era mais ou menos isso que exercitava: um diário da sua solidão, selecionando os assuntos menos complicados, a fim de não aborrecer o destinatário. Logo vinham desculpas e protestos do marido: "A vida aqui é uma pasmaceira. Uma pasmaceira entrecortada de boatos – e nada mais"; "Vida de soldado: caminhadas e trincheira". Baby não levava em conta que o poeta também era atingido pela vagareza e pela precariedade dos correios, tendo acusado esses desencontros em várias ocasiões.

As escassas notícias do filho Guy (1924), por segurança deixado com o avô materno no Rio de Janeiro, traziam alegria e os acalmavam. Quando havia bombardeios e ataques de artilharia, Guilherme apressava-se em informá-la e apaziguá-la. Tentava convencê-la a não encarar a estrada ruim e as chuvas para ir visitá-lo, pois, no entender de todos eles, o desfecho do conflito era considerado sempre iminente ("a vitória está por dias").

No cenário da luta, Carlos Pinto Alves, o segundo da esquerda para a direita, com os irmãos Almeida: Tácito, Estevam, Antônio Joaquim e Guilherme.

O escritor poucas vezes usou o material gráfico personalizado da Liga de Defesa Paulista; preferia o bloco pautado aéreo comum. Uma única vez serviu-se do papel timbrado do Batalhão. Elaborava as suas cartas com esmero, geralmente sem invadir as margens da folha de papel. E, quando isso acontecia, era para estampar a assinatura, uma mensagem curta do amigo Carlos Pinto Alves e do irmão Tácito de Almeida a Baby, dar "Viva a S. Paulo" e recados rápidos: avisar a mãe que iria escrever, perguntar se Baby recebera a expressa etc. Expedia sua correspondência pelo Correio Militar do MMDC, como indica seu carimbo vermelho nos envelopes pequenos e azulados, na sua maioria, ou de cor branca, destinados sempre para o endereço da residência do casal, em São Paulo. Uma única vez usou o correio comum, conforme atesta o selo que festejava o IV Centenário da Colonização do Brasil. No verso, à mão, apareciam invariavelmente as iniciais SATO; segundo os historiadores Hernani Donato e José Alfredo V. Pontes, tratava-se do Serviço de Abastecimento às Tropas em Operação.[10] Baby preferencialmente optava pelo bloco aéreo grande e comprido, sem

---

[10] *A Revolução de 1932*. São Paulo, Círculo do Livro/Abril, 1982; *1932 – o Brasil se revolta*. São Paulo, OESP/Terceiro Nome, 2004.

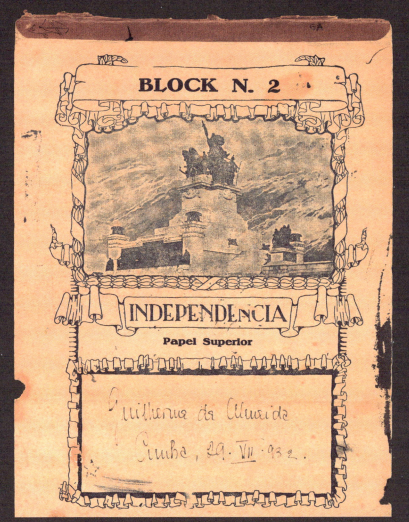

Capa do bloco de Guilherme, 1932.

Páginas do bloco de Guilherme, fragmentos de diário, 1932.

pauta, na maioria das vezes, mas também escrevia em bloco comum pautado, onde se espalhava à vontade por toda a folha. O envelope em geral era branco padrão, embora Baby tenha apelado também para o material do Automóvel Club (com seu timbre vermelho, circular, e a bandeirinha no centro) e os da Liga, enfeitados pelo carimbo e pelo selo "São Paulo quer/ constituição/ ou morte".

Era a primeira vez que os dois se distanciavam, daí a preocupação constante de ambos em demonstrar tranquilidade sobre o cotidiano. Baby procurava não lamentar a solidão e descrevia sua rotina na ausência do amado (busca por notícias do filho, o Neném, pagamento das contas, peripécias da gata Musmê, leituras etc.). Certamente sentia a presença do companheiro em cada canto da casa da Alameda Ribeirão Preto, um cenário comum aos dois e de muitas lembranças que parecia um ser vivo, um personagem: "A Musmê vai bem. A casa também"; "A casa vai bem"; "A casa aqui vai bem"; "Como vão todos? A nossa casa?". Guilherme, nos momentos de folga, garimpava objetos antigos na pequena Cunha para decorá-la e opinava sobre sua adequação em algum dos seus recantos. Ainda não se tratava da encantadora residência da rua Macapá, 187, transformada em casa-museu depois da morte do poeta, com o apoio de sua viúva.

Baby comentava as leituras do prestigiado Marcel Proust feitas madrugada adentro; de *L'amour est mon peché*, de Hermine Lecomte du Noüy – que considerou "*malsain* e idiota", injustificável a noite de sono perdida. Enumerava as visitas recebidas (a vizinha, as amigas, as cunhadas, cujos maridos também estavam na guerra). Acalmava-o: "Tenho te contado tudo sempre onde tenho andado"; Tenho te contado a minha vida toda". Uma possível indicação da necessidade de apresentar um balanço em relação às suas atividades urbanas e sociais. Ou seja, prestar contas de tudo, pois estava morando sozinha, provisoriamente, sem o marido. Lembremos que ela declinou do convite para permanecer na casa da sogra, D. Angelina, preferindo ficar sozinha na sua residência.

A angústia de Baby era imaginar o amado em risco. Escrever, além de ser uma tática para aproximá-los, era um processo de preencher a ausência. Um paliativo, juntamente com a companhia do rádio – "um amigo". Aliás, expressou de modo claro a função das cartas e da escrita em situações como estas: "A única coisa que eu faço com prazer hoje em dia é escrever. Não é que pense em escrever bem nem mal. Mas sempre é um consolo"; "Mesmo quando você não receber carta minha, fique certo que lhe escrevo todos os dias". Quando chegava correspondência, acusava o recebimento e agradecia: "Muito *merci*". Da parte de Guilherme, perpassava a mesma sensação: "Ontem não tive carta sua: pareceu-me um dia que não existiu, ou antes, que existiu demais, que não acabava nunca".

A ausência os perturbava, sendo dramaticamente explicitada: "saudade é infinita"; "saudade inenarrável"; "saudade louca"; "saudade é enorme"; "saudade que é o meu purgatório"; "saudade que é o grande suplício coletivo"; "saudades é que são medonhas". Guilherme enviava violetas perfumadas dentro das cartas, e Baby retribuía perfumando as suas, causando um efeito devastador no marido, que pediu para ela parar, pois isso fazia a saudade aumentar. Por sinal, esse gesto de afetividade por meio das violetas transformou-se em motivo de chacota por parte dos adversários cariocas: diziam que o poeta tinha uma violetinha em cada casa do dólman.

Ambos adotavam um léxico próprio de afetividade, isto é, uma retórica pessoal, considerando que a correspondência poderia ser censurada. Para Baby, essa perspectiva era lamentável: "Muito desagradável e tira todo o *it* das cartas". Construía uma estratégia estilística particular: começava de maneira abrupta; na maioria das vezes, antecipava a conclusão do texto em passagens longas, mas continuava o pré-fechamento: "E por hoje é tudo"; "Adeus". Repetia muito as palavras: "Adeus adeus"; "Nenhum nenhum"; "Logo logo". Não era receptiva à pontuação; sua escrita caracterizava-se por um jorro de frases emitidas apressadamente, com o intuito talvez de não se esquecer de nada e não perder a partida do serviço postal daquele dia. Volta e meia, o casal recorria a palavras estrangeiras, sobretudo do francês, do espanhol e do inglês. Aliás, a paixão pela França e sua cultura manifestava-se nos mínimos detalhes: o nome Guy, em homenagem ao escritor Maupassant, escolhido para o seu único filho; seu pseudônimo Guy, nos muitos jornais e revistas em que colaborou; o hábito de endereçar o envelope usando "Madame", no lugar de "Senhora"; a forma como anotava nesses envelopes o número do prédio, antes do nome da rua; as inúmeras traduções importantes realizadas, para citar apenas algumas: *Poetas de França*, *Eu e você*, *Huis Clos* e *Flores do Mal* etc.

Além daquela cenografia doméstica, desenhava um quadro urbano próprio – uma certa cidade de São Paulo, comum aos carteadores: as saídas para jantar, a visita à Liga, onde poderia encontrar os amigos Antônio Carlos Couto de Barros, Bento Camargo, Vivaldo Coaracy, Mário de Andrade; a participação no trabalho social (costuras, embalagem das bandagens para os soldados); o contexto da Revolução: a repercussão do discurso do político gaúcho João Neves Fontoura, que conclamava "esperai, resisti, confiai";[11] a movimentação das tropas de outros estados. Dava notícias dos amigos comuns – "Brecheret de

[11] Cf. *O Estado de S. Paulo*, 25 de julho de 1932, p. 3.

civil na rua, calmamente como se nada houvesse"; comentava sobre Antônio Gomide – "o pintor parece que levou um tiro por acidente na perna e também parece que prega ideias comunistas". Observou, inclusive, a restrição aos combustíveis pelo governo. O trabalho das principais rádios – Record, Cruzeiro do Sul –, na cobertura do conflito, não foi esquecido. Avisou que o artista Januário cantara "A marcha" e que haviam divulgado "O passo do soldado" nas duas emissoras, ambas as peças de autoria do poeta; bem como as falas de Olívia Penteado e a leitura de cartas de Guilherme na Record etc. Comentou as manifestações de solidariedade dos amigos: Olívia Penteado, Carlota Pereira, Cecília Lebeis e Juvenal Penteado, entre outros. Este, depois de visitar as trincheiras, falou ao jornal *O Estado*: "Os Srs. Guilherme de Almeida, Tácito de Almeida e Carlos Pinto Alves zelam pelo bem-estar da força com carinho fraternal".[12]

Não sossegava enquanto não tivesse certeza de que Guilherme estava bem agasalhado e alimentado. Uma tortura de listas de coisas do dia a dia supostamente de interesse do marido chegava via Correio Militar ou por particulares. Cobrava manifestação a respeito do recebimento de cada item e discorria sobre várias recomendações, a exemplo de uma mãe que escreve para o filho distante no colégio interno. Questionava insistentemente sobre as necessidades imediatas do marido. Enviava-lhe cigarros, pastilhas, fósforos, doce de leite, chocolates, balas, biscoitos, geleia, lâminas de barbear, boné, botinas, pijamas de flanela, meias de lã, chinelos, camisas, capacetes de lã, joelheiras etc., embora receasse o extravio das remessas. Lembrando-se do capacete de aço, sugeriu-lhe usá-lo com uma boina, "como os franceses na guerra". É possível que a mera explanação em abundância desses detalhes pudesse produzir o efeito da presença do ser amado e abrandar a sua inquietação. Mas, certamente, esse excesso de cuidados levará o leitor a risadas.

O poeta não se cansava e respondia sinteticamente, a partir das cenas do conflito. A maioria de suas cartas não passava de uma folha de

[12] *O Estado de S. Paulo*, 13 de agosto de 1932, p. 1.

um bloco médio. Numa ocasião, quando excedeu essa medida, registrou com ironia: "3 páginas! Gostou?". Além de escrever diariamente para sua mulher, também seguia nos intervalos com artigos para jornais, revistas, poemas, ensaios etc., e tentou escrever um pequeno diário específico da guerra. Escolheu ironicamente um bloco, cuja capa homenageava o Sete de Setembro, reproduzindo a gravura do Monumento do Ipiranga e a legenda "Independência", logo abaixo, em destaque, numa moldura *art nouveau*. Sua caligrafia, bem miúda e nervosa, destoava de sua escrita habitualmente desenhada (ver anexo). Ainda dentro dessa moldura, as indicações, no centro, "Papel Superior", e, no alto, Block n. 2. No lugar reservado à identificação, aparece o nome do escritor, Guilherme de Almeida, seguido do registro do local e da data: "Cunha, 29/VII/932". Na realidade, o primeiro dia anotado foi o 26 – "chegada 24:15h". Vejamos algumas das notações:

> 27 – almoço chove. Chico Amaral me dá um chocolate. Exercícios de Guerra. O rádio. Voz de S. Paulo. Jantar no Dr. Moura
> 28 – Bombardeio aéreo
> 29 – Prontidão rigorosa
> 30 – Bombardeio da Cidade 2hs

Mesmo ciente das atividades do seu interlocutor, Baby sentia-se desprestigiada, diante da alegada falta de empenho na resposta a todos os questionamentos sobre os registros triviais do cotidiano. E as explicações pareciam-lhe insuficientes. Ela estava consciente de sua insistência nas recomendações, suplicando a todo momento que ele não se aborrecesse diante do exagero de atenção e não praguejasse nem sentisse ódio dela, num movimento circular de persuasão, na tentativa mútua de convencer e de influenciar a respeito de suas teses peculiares. Além disso, insistia em prestar contas de suas atividades sociais. Parecia querer lembrá-lo do antigo esquema familiar da cidade, pairando no ar a figura do marido provedor que, se por um lado a mulher tenta proteger, por outro receia melindrar.

Transparece nesse diálogo a precariedade das condições de sobrevivência da tropa com capacetes insuficientes (o batalhão chega à zona de guerra em 26 de julho, mas os capacetes apenas são recebidos cinco dias depois), falta de cigarros e agasalhos. O desabafo no diário citado dá o tom da melancolia em alguns momentos: "A gente vai pensando que tudo é contra Cunha; depois contra a trincheira da gente, depois contra cada um de nós". Com bom humor, Guilherme manifestou os desentendimentos sutis na convivência entre os colegas de batalhão. Algumas notícias animavam a vida no fronte, como a medida do governo estadual que dobrava o salário dos combatentes. A recomendação era guardar o dinheiro. As despesas corriqueiras deveriam ser cobertas apenas com o pagamento feito pelo jornal *O Estado de S. Paulo*, relativo aos artigos ali publicados, que Guilherme enviava, nas suas cartas, e Baby se encarregava de entregar na redação. É bom frisar que o escritor não interrompeu sua atividade intelectual, agora voltada exclusivamente para o interesse de São Paulo.

Baby torcia para que o companheiro não ficasse doente nem desanimasse, pois a "vitória será breve e nossa". Apegava-se com o seu santo de preferência: "Tenho fé em Deus e Santo Antônio (já estou pedindo àquele pequenininho de marfim que faz tudo o que eu peço) que vocês voltem logo, logo"; "Santo Antônio há de fazer com que isto tudo acabe logo". Essa confiança no sucesso da luta era uma unanimidade mal calculada e marca das manchetes dos jornais locais, que se caracterizaram pelas manifestações exaltadas de inflamado ufanismo e sentimento de paulistanidade exacerbado, antes da revolta, durante e após a derrota.[13] Não é à toa que a data magna do estado é 9 de Julho, dia do início dessa Revolução, ainda que São Paulo tenha sido derrotado.

Guilherme a todo momento lembrava o compromisso feito com o pessoal da Liga de permanecer nas trincheiras por um período curto,

---

[13] Ver Maria Eugenia Boaventura. *"Pro São Paulo Fiant Eximia". Couto de Barros, a elite nos bastidores do Modernismo paulista (1896-1966)*. Op. cit., pp. 263-299.

oito dias. Baby mostrava-se orgulhosa de sua atitude de se alistar "sem necessidade" e de se recusar a deixar o local da luta sem ordens expressas do comandante militar Bertoldo Klinger, apesar da sugestão insistente de licença por parte de Vivaldo Coaracy e Bento Camargo e das manifestações de esgotamento: "basta disto, para mim". O retorno à capital, no dia 15 de agosto, a pedido do comando revolucionário, foi seguido de muito barulho – entrevistas, artigos, poemas etc. Guilherme passou a desempenhar as tarefas da Liga de Defesa Paulista, com artigos veementes enaltecendo os brios paulistas, sobretudo na direção do *Jornal das Trincheiras*, cujo último número é de 25 de setembro, poucos dias antes da rendição de São Paulo. A maioria dos paulistas continuou louvando o feito de 1932, sobretudo Guilherme. Encontramos uma notícia de que, em 1959, o poeta produziu a letra para a marcha francesa "Paris Belfort", trilha sonora das rádios naquela época, gravada pela Odeon, com arranjos de Luiz Arruda Paes.[14]

BIBLIOGRAFIA SUCINTA SOBRE 1932

BOAVENTURA, Maria Eugenia. *Couto de Barros, a elite nos bastidores do Modernismo paulista (1896-1966)*. Campinas/Cotia, Editora da Unicamp/Ateliê, 2022.
CAPELATO, Maria Helena. *O movimento de 1932 – a causa paulista*. São Paulo, Brasiliense, 1982.
DONATO, Hernani. *A Revolução de 1932*. São Paulo, Círculo do Livro/Abril, 1982.
NOGUEIRA FILHO, Paulo. *A guerra cívica – 1932*. São Paulo, José Olympio, 1967.
PICCHIA, Menotti del. *A revolução paulista*. São Paulo, Nacional, 1932.
PONTES, José Alfredo V. *1932 – o Brasil se revolta*. São Paulo, OESP/Terceiro Nome, 2004.
SANTOS, Marco Cabral dos. *São Paulo 1932. Memória, mito e identidade*. São Paulo, Alameda, 2010.

[14] *Última Hora*, 8 de julho de 1959, p. 5.

SÃO PAULO, 1932. Introdução de Ana Maria de Almeida Camargo. Fac-símile. São Paulo, Imesp, 1982.

ULRICH, Aline. *"Do modernista ao 'poeta de 32'". Guilherme de Almeida e a construção da identidade paulista*. Dissertação de mestrado. São Paulo, FFLCH-USP, 2008.

VILA, Marco Antônio. *1932 – Imagem de uma revolução*. São Paulo, Imesp, 2008.

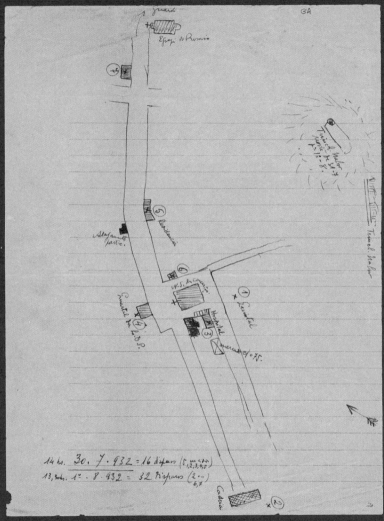

Croquis do cenário da luta, no bloco de Guilherme.

25/03/1932 GA

Guilherme de Almeida
1º Batalhão da Liga de Defesa
Paulista
2ª Companhia

DE BABY (BELKISS BARROZO DO AMARAL)
PARA GUILHERME DE ALMEIDA

S. Paulo 25 julho 1932

A Mimi
manda mil
lembranças
para o
Guilherminho
adorado

Guilherminho querido

Fiquei muito triste hontem
na volta de ver você abatido
de espirito; quasi que me arrependi de termos ido. Mas pensando bem, foi bom a nossa viagem.
Seria horrivel não poder nem
ver você no dia dos seus annos
e como na volta correu tudo
perfeitamente sem novidade
nenhuma, nenhuma acho
que tive razão em querer ir.
Pense que é a primeira vez
que nos separamos e a não ser
aquella viagem que você fez
á Campinas por uma noite

S. Paulo 24 Julho 1932

temos estado sempre juntos.
Tenho fé em Deus e Santo Antonio
(já estou pedindo áquelle pe-
queninho de martim que faz
tudo que eu peço) que voces voltem logo, logo. Que não fiquem
doentes e que soffram com paci-
encia estas mil e uma privações pq estão passando. É=
só etudo que não desani mem que
tenham fé e confiança que
a victoria será breve e nossa.
O discurso do João Neves impressio
nou muito bem. Dizem que 1.500
homens do Rio Grande já estão
vindo para cá. O Couto hoje

me disse que acha que com mais
4 ou 5 dias acaba tudo. Américo
me telephonou hoje muito amavel
me convidou para jantar lá amanhã e disse que t'info que chegou
de Harare conta que temos lá 15.000
homens ou mais muito bem municiados Artilharia pesada e tudo,
e o que sahiu no Estado de hoje sobre
Harare é tudo verdade.
Evangelina passou a tarde hoje
commigo desde as 3 horas até 6 e
meia muito boasinha. D. Assumpção
até a nossa visinha também
me visitou. Não pense em
mim com cuidado, estou bem não
me falta nada. Naturalmente

a casa sem você esta um verdadeiro deserto, uma verdadeira
desolação. Mas eu soffro tudo com
coragem pensando que você
tambem esta ahi passando mal
dormindo mal, sentindo frio, calor
e mil e uma outras coisas.
Como vão os outros? Vocês continuam fazendo "ménage à trois"? Você não
precisa de nada? nem remédios
nem cigarro. Que pena esta
chuva! tenho ficado muito afflicta
com ella. Deus queira que você
não faça extravagancia nenhuma. Não me esconda nada
ouviu. Se tiverem que partir
me telephone.
Adeus Guilhermino, recebi teu tele-
gramma e seu bilhete. Para que falar
em saudade se ella é tão grande
Um grande beijo e todo-a-ma
            de   Baby

1   S. Paulo, 25 de julho de 1932

Guilherminho querido,

Fiquei muito triste ontem na volta de ver você abatido de espírito, quase que me arrependi de termos ido. Mas, pensando bem, foi bom a nossa viagem. Seria horrível não poder nem ver você no dia dos seus anos e como na volta correu tudo perfeitamente sem novidade nenhuma, nenhuma, acho que tive razão em querer ir.

Pense que é a primeira vez que nos separamos e a não ser aquela viagem que você fez a Campinas por uma noite temos estado sempre juntos. Tenho fé em Deus e Santo Antônio (já estou pedindo àquele pequenininho de marfim que faz tudo o que eu peço) que vocês voltem logo, logo. Que não fiquem doentes e que sofram com paciência estas mil e uma privações por que estão passando. E sobretudo que não desanimem, que tenham fé e confiança que a vitória será breve e nossa.

O discurso do João Neves impressionou muito bem.[15] Dizem que 1.500 homens do Rio Grande já estão vindo para cá. O Couto[16] hoje me disse que acha que com mais 4 ou 5 dias acaba tudo. América me telefonou hoje muito amável, me convidou para jantar lá amanhã e disse que Finfo que chegou de Itararé[17] conta que temos lá 15.000 homens ou mais muito bem municiados Artilharia pesada e tudo e o que saiu no *Estado* de hoje sobre Itararé é tudo verdade.

---

[15] O poeta Menotti del Picchia também testemunhou a repercussão desses pronunciamentos: "modelos de retórica [...]. A forma é ductil, a linguagem plástica, as imagens sedutoras". *A revolução paulista*. São Paulo, Nacional, 1932, p. 125.

[16] Antônio Carlos Couto de Barros (1896-1967). Ver sua biografia: Maria Eugenia Boaventura. *Couto de Barros, a elite nos bastidores do Modernismo paulista (1896--1966)*. Op. cit.

[17] Itararé, cidade do sul de São Paulo, próxima à fronteira do Paraná, onde os paulistas sofreram fragorosa derrota.

Evangelina passou a tarde hoje comigo desde as 3 horas até 6 e meia muito boazinha. D. Annunziata a nossa vizinha também me visitou. Não pense em mim com cuidado, estou bem não me falta nada. Naturalmente, a casa sem você está um verdadeiro deserto, uma verdadeira desolação. Mas eu sofro tudo com coragem pensando que você também está aí passando mal, dormindo mal, sentindo frio, calor e mil e uma outras coisas.

Como vão os outros? Vocês continuam fazendo *ménage à trois*.[18] Você não precisa de nada? Nem remédios nem cigarro? Que pena esta chuva! Tenho ficado muito aflita com ela. Deus queira que você não faça extravagância nenhuma. Não me esconda nada ouviu. Se tiverem que partir me telefone.

Adeus Guilherminho recebi seu telegrama e seu bilhete. Para que falar em saudade se ela é tão grande.

Um grande beijo e todo o amor

de Baby.

A Musmê manda mil festinhas para o padrinho adorado.[19]

[Carta autógrafa à tinta, assinada, 3 fls. em bloco pautado, 17,7 x 13 cm. Envelope rosa, endereçado a Guilherme de Almeida, 1º Batalhão da Liga de Defesa Paulista, 2ª Companhia, Pindamonhangaba.]

---

[18] Relação erótica e afetiva que envolve três pessoas.
[19] Este trecho inicia-se do lado esquerdo da margem superior, escrito na vertical, logo após a data.

2   S. Paulo, 26 de julho de 1932

Guilherminho querido

Estou acabando de falar com você no telefone, meu amor, e fiquei preocupada e triste de saber que você está contrariado e que vai partir para mais longe, para Guará. Deus é grande e eu tenho fé que vocês hão de voltar em paz e salvamente. Que pena Taci[20] deixar vocês se separarem. Mas ele poderá mesmo impedir que vocês se separem ou são ordens superiores? Enfim, de qualquer jeito o seu gesto se alistando sem necessidade foi lindo e eu só tenho orgulho de você e quem sabe até se o fato da sua companhia se separar deles não será até melhor para você.

Santo Antônio há de fazer com que isto tudo acabe logo. É o que eu espero e tenho certeza que hei de obter. Aqui estão todos animados esperando que acabe tudo logo. Em Santos já estão entrando navios estrangeiros.

Valentina[21] e tia Nenê tinham mandado mil abraços para você no dia dos seus anos, mas eu me esqueci de dar. Valentina disse que você estava lindo fardado e que você é o mais simpático e o mais querido de todos os primos. Recebeu a carta que lhe escrevi ontem? Você continua sem precisar de nada nem cigarro?

---

[20] Taci (1899-1940), apelido do poeta Tácito de Almeida, advogado, professor e um dos fundadores da Liga de Defesa Paulista e da Escola Livre de Sociologia e Política de São Paulo, colaborou em várias revistas modernistas, inclusive a *Klaxon*, 1922. Ver *Túnel e poemas modernistas: 1922-1923*. Estabelecimento de texto e introdução de Telê P. A. Lopez. São Paulo, Art, 1987.

[21] Possivelmente, Valentina de Queiroz Aranha.

Adeus meu amor, Deus te proteja, Deus te guie e te traga em paz e salvamente. Não se preocupe comigo nem com a casa nem com a Musmê está tudo bem só as saudades é que são enormes.

Mil beijos e saudades de sua

                                    Baby.

[Carta autógrafa à tinta, assinada, 2 fls. em bloco sem pauta, 26,7 x 10 cm. Envelope com um rasgo na parte superior, endereçado a Guilherme de Almeida, 1º Batalhão da Liga de Defesa Paulista, 2ª Companhia.]

27-7-1982

Guilherme querido,

Hontem você deve
ter recebido duas cartas
minhas e como vae um
correio da Liga agora
ao meio dia não quero
que vá sem uma pa-
lavrinha minha.
Como você já f sabe
as nossas cartas agora
tambem são censuradas
o que é muito desagra-
davel e tira todo o in-
tas cartas.
Depois que você telepho-
nou hontem Lacy tele-
phonou contando que
foram muito bem recebi-
dos em Guará e que
estão muito bem insta-
dos e que as moças fize-
ram manifestações a
você. Carra pesada hein?
Melhor so assim vocês te
distraem.
Hontem jantei com D. Cota
que como sempre foi

amabilissima commigo.
Elles querem á força que
eu jante lá todo o
dia, e querem tambem
que vá trabalhar
com ellas. Não resolvi
nada, mas fui vez de
jantar lá de novo sexta
feira. Emquanto esta-
va lá hontem ellas rece-
beram a noticia de uma
grande victoria em Itararé
onde está commandando
o Coronel. Foi uma alegria.
D. Cotá parecia Madrinha.

America como sempre animada
e é engraçadissima mesmo
sem querer diz coisas incri-
veis. Depois te conto.

Estevinho coitado, separou-
se de vocês! que pena!

Se tiver tempo me telephone sempre. Ouviu?

A menina vai bem. A casa
tambem, quartú todos as
pratas

Adeus, adeus, até muito breve
Nossa Senhora te traga em paz
e salvamento. As saudades
são horriveis. Um beijo e todo
o coração da
Baby

3   S. Paulo, 27 de julho de 1932

Guilherme querido,

Ontem você deve ter recebido duas cartas minhas e como vai um correio da Liga agora ao meio-dia, não quero que vá sem uma palavrinha minha.

Como você já sabe as nossas cartas agora também são censuradas o que é muito desagradável e tira todo o *it* das cartas.

Depois que você telefonou ontem, Taci telefonou contando que foram muito bem recebidos em Guará e que estão muito bem instalados e que as moças fizeram manifestações a você. Farra pesada hein? Melhor, só assim vocês se distraem.

Ontem jantei com D. Cota[22] que como sempre foi amabilíssima comigo. Eles querem por força que eu jante lá todo dia, e querem também que vá trabalhar com elas. Não resolvi nada, mas fiquei de jantar de novo sexta-feira. Enquanto estava lá ontem elas receberam a notícia de uma grande vitória em Itararé, onde está comandando o coronel. Foi uma alegria. D. Cota parecia Madrinha.

América como sempre animada e engraçadíssima mesmo sem querer diz coisas incríveis. Depois te conto.

Estevinho coitado, separou-se de vocês? Que pena!

Se tiver tempo me telefone sempre ouviu?

A Musmê vai bem. A casa também. Guardei todas as pratas.

Adeus, adeus, até muito breve. Nossa Senhora te traga em paz e salvamente. As saudades são horríveis. Um beijo e todo o coração da
                                                Baby.

[Carta autógrafa à tinta, assinada, 2 fls. em bloco sem pauta, 26,7 x 10 cm. Envelope endereçado a Guilherme de Almeida, 1º Batalhão da Liga de Defesa Paulista, 2ª Companhia.]

---

[22] Nicota Pinto Alves, mãe de Carlos Pinto Alves, participou da comissão que socorria as famílias dos combatentes.

4   S. Paulo, 29 de julho de 1932

Guilherminho

Não posso compreender como desde que você partiu sexta-feira passada (faz hoje oito dias) só me escreveu um bilhete e um telegrama, só só; foi só o que eu recebi.

Tenho te escrito todos os dias, anteontem te mandei cigarros, não recebeu? Como vão os carrapatos? Dizem que aí é cheio. Não precisa do mitigal nem de nada? Aqui a vida continua numa pasmaceira horrível à espera de notícias. Nina como te contei dormiu comigo a noite de anteontem para ontem, passou o dia de ontem aqui, Moussia tomou chá conosco, e depois fomos jantar, Nina, Maria e eu em casa de Leonor. Depois do jantar Marco Aurélio[23] nos trouxe de automóvel.

Tenho sentido ultimamente umas saudades horríveis que vão aumentando cada vez mais.

A Zizinha vai bem, está aqui perto de mim. Tem tido sempre o chocolate.

Adeus, me escreve pelo amor de Deus.

Um grande beijo cheio de saudade da tua
Baby.

Paguei gás, 2 meses luz, telefone interurbano.

[Carta autógrafa à tinta, assinada, 2 fls. em bloco sem pauta, 26,7 x 10 cm.]

---

[23] Nina e Moussia von Riesenkampf, filha de um almirante do czar russo, tiveram que se refugiar depois da Revolução de 1917. Nina (1905-1969), casada com Tácito; Moussia (1901-1986), artista plástica bem-sucedida, casou-se com o jurista Carlos Pinto Alves. Maria era casada com Estevam, e Leonor, com outro irmão de Guilherme, Marco Aurélio, ambos advogados.

5   S. Paulo, 29 de julho de 1932

Guilherminho querido

Tenho te escrito todos os dias e não sei se você tem recebido, mas você já não pode dizer o mesmo não é? Ontem foi um dia horrível fiquei assustada sem saber o que pensar vendo que você não telefonava e que ninguém sabia ao certo onde vocês estavam, nem na Liga. Afinal cansada de esperar resolvi telefonar eu mesma para Guará,[24] Escola Normal, onde sabia que vocês tinham estado hospedados, e meia hora depois, isto é, às 4 e meia, a telefonista respondeu que de Guará diziam que você tinha partido para Cunha.

Fiquei aborrecida porque sei que Cunha é um lugar perigoso. Mas logo depois Antônio trouxe notícias que vocês estavam relativamente bem, de noite Estevinho de Pinda[25] telefonou à Maria dando notícias por intermédio do Rubens,[26] e hoje também já soube pelo Chiquinho que também telefonou à D. Nicota. Estou ansiosa por carta, já que daí não se pode telefonar.

Você como vai? Está mais calmo? Tem tido saudades minhas? Carlinhos Magalhães andou por aqui mas eu só soube depois que ele foi embora.

Aí dizem que o clima é bom, mas não fará muito frio? Você não precisa de nada, nem de cobertor, de remédio nenhum? Recebeu 10 caixas de cigarro que lhe mandei ontem?

A Liga está muito pau, fui lá só uma vez, sábado passado, a gente telefona eles nunca sabem de nada.

Nina está aqui em casa dormiu comigo esta noite. Os outros como vão? Muitas lembranças a todos.

---

[24] Guaratinguetá.
[25] Pindamonhangaba.
[26] Rubens Borba de Moraes (1889-1986), bibliófilo e professor.

Um grande beijo cheio de carinho e todo o amor e a saudade da tua Baby

[Carta autógrafa à tinta, assinada, 4 fls. em bloco pautado, 17,7 x 13 cm.]

6   S. Paulo, 30 de julho de 1932

Guilherminho querido

Estou acabando de falar no telefone com o Sérgio Gomide[27] e fiquei espantada de saber que desde o dia 27 você não recebe carta minha. Tenho te escrito todos os dias e ainda quarta-feira sem ter recebido nenhum pedido teu, mandei 10 maços de cigarros. Não entendo mais nada. Ainda ontem (sexta) te escrevi. As duas últimas cartas isto é, a de sexta e a de quinta foram por intermédio de Antônio que mandou por um particular que foi para aí. Parece que por particular ainda é pior.

Nós também, isto é nem Moussia, nem Nina, nem eu não temos recebido nada. Nina parece que recebeu hoje carta de Taci. Mas Moussia e eu somos as abandonadas. Porque a Liga diz que tem vindo carta para todos menos para nós. É esquisitíssimo. Hoje durante o dia fui à tal Liga reclamar as cartas. Não se sabe de nada. Pelas 6 horas da tarde resolvi telefonar ao Rubens em Pinda. Falei com ele e o Chiquinho. Reclamei o correio. Todos me deram boas notícias de vocês aí, mas eu acredito, mas não é muito. Você não precisa de um outro cobertor? Nem de mais nada de lã?

Amanhã de manhã, domingo, pretendo ir à missa e depois vou comprar cigarro, chocolate e pastilhas para mandar. Vamos ver se desta vez chega. Quando soube que você está sem cigarro fiquei aborrecidíssima, ainda mais dando-se o fato de eu já ter mandado há tantos dias.

Você como vai? Tem passado bem de saúde? Continua sem precisar de nada? Esta cidade de Cunha velha e abandonada deve ser muito interessante. Você ainda não achou nada? Taci e o Nássara[28] mandaram

---

[27] Sérgio Gonçalves Gomide (1895-1956), irmão dos artistas plásticos Antônio Gonçalves Gomide e Regina Gomide Graz, empresário, foi diretor do Banco do Estado de São Paulo.
[28] Antônio Gabriel Nássara (1910-1966), caricaturista, compositor popular.

umas coisas. Tinha muita vontade de ir aí. Dr. Valdomiro[29] ontem (jantei lá) prometeu fazer uma excursão para essas bandas depois da revolução. Deus queira que isto acabe logo que ele cumpra a palavra e que nós vamos também.

Coitado de vocês tão judiados, comendo mal dormindo mal. Eu só gostaria de estar ao menos aí por perto. O Guilherme Prates[30] que está nos voluntários de Piratininga aí em Lagoinha voltou hoje de S. Paulo com uma das filhas que voltará amanhã para cá com um outro homem.

Está vendo?

A Lucia[31] está de cama com uma complicação antes do tempo. Estive lá hoje. Antônio está cada vez mais antipático. A casa vai bem. A Zizinha também. Comprei um tubo de chocolate e cada vez que chego da rua ela come um, coitadinha.

Adeus Guilherminho querido. Dê muitas lembranças minhas a Taci e ao Carlos um grande beijo para você e toda a tristeza e a saudade da Baby.

PS: Domingo, 10 horas manhã. Estou recebendo uma carta sua de 27.

[Carta autógrafa à tinta, assinada, 4 fls. em bloco sem pauta, 26,7 x 10 cm. Envelope endereçado a Guilherme de Almeida, 1º Batalhão da Liga de Defesa Paulista, 2ª Divisão, Cunha, no verso, o carimbo do MMDC.]

---

[29] Valdomiro Pinto Alves, empresário e bacharel em Direito, pai de Carlos Pinto Alves.
[30] Baby deve estar se referindo a Gregório Prates (?), voluntário em Cunha.
[31] Lucia Machado de Almeida (1910-2005), escritora, casada com o jornalista Antônio Joaquim de Almeida (1907-?), irmão de Guilherme.

7   S. Paulo, 30 de julho de 1932

Guilherminho

Não te mando nada agora porque espero poder mandar amanhã. Você não precisa de nada? Se precisar telefone amanhã cedo até 7 e meia que há um portador que vai aí.

Você como passou? Dormiu bem? Sentiu muito calor? Faltou alguma coisa. Está com saudades minhas?

Eu vou indo mais ou menos.

Já almocei hoje com D. Angelina[32] que está esperando tudo acabe logo.

A casa está vazia sem você. A Negrinha coitada esperou você a noite inteira mas eu tratei bem dela fiz a caminha e dei o chocolate. Hoje ela passou o dia em casa de D. Angelina. Estive hoje de tarde em casa de D. Niloca[33] que te manda muitos abraços.

Adeus até já muitas lembranças a Taci Estevinho e o Carlos e um grande beijo cheio de saudade de

                         Baby

Muitas felicidades e abraços de

                         Nina

[Carta autógrafa à tinta, assinada, 1 fl. em bloco pautado, 26,7 x 17 cm. Envelope pequeno, com timbre em vermelho do Automóvel Club de São Paulo, endereçado a Guilherme de Almeida. 1º Batalhão da Liga de Defesa Paulista.]

---

[32]   Mãe de Guilherme de Almeida.
[33]   Possivelmente, Baby esteja falando de D. Nicota Pinto Alves.

8   S. Paulo, 1º de agosto de 1932

Guilherminho querido

Recebi hoje a sua carta de sábado 30. Fiquei satisfeita de saber que você recebeu os cigarros do dia 27 – porque fiquei aborrecidíssima quando soube que eles não tinham chegado. Imagine você sem cigarro, que horror! Quanto às suas cartas hoje recebi apenas a segunda escrita em Cunha (com o seu artigo) a primeira de 27 recebida ontem, 31 de amanhã e esta de hoje. O Sérgio Gomide me telefonou de Guará. Quanto ao carteiro não entregar cartas por falta de gente e o telefone não ser atendido pelo mesmo motivo é impossível porque a Maria[34] está sempre em casa.

    Hoje eu realmente saí demais, estou exausta. Mas é América quem me arrasta. D. Cota falou que se eu não for coser com ela, é porque sou tenentista. Claro que tive que ir. Saí de casa à 1 e meia de automóvel com América fomos ao Campo de Marte levar umas roupas de lá para os soldados de lá. Depois fomos ver no Campo do C. R. Tietê o desfile dos atletas (2 batalhões organizados pelo Antônio Prado).[35] (Antoninho Baime virou major). Depois fomos ao Posto S. Paulo dirigido por D. Cota passei a tarde enrolando bandagens. Às 5 e meia fui cumprimentar D. Nilda que fazia anos. Saí de lá às 6 e meia com Moussia e Nina passamos pela Liga para saber notícias que como você sabe são ótimas.

    O barulho estourou no Rio estão todos animadíssimos. Espera-se que amanhã ou depois acabe tudo.

    Ontem deixei na Liga de manhã 10 maços de cigarros e chocolate para você; mas como o correio da Liga é demoradíssimo vai mais hoje

---

[34] Maria era a secretária doméstica.
[35] Antônio da Silva Prado Júnior (1880-1955), engenheiro, empresário, político.

pelo Dr. R. Freitas[36] 10 maços [de] cigarros, pastilhas, fósforos, doce de leite – um ótimo que apareceu agora em S. Paulo.

Como você vê, vou indo relativamente bem. Dizem que estou muito magra e abatida.

Ontem domingo passei o dia em casa de D. Angelina que se queixa (com razão) de que você ainda não escreveu a ela.

Você não precisa de mais nenhum agasalho?

A Musmê manda mil festinhas para você e agradece as suas.

E eu vou indo por aqui triste cansada e cheia de saudades

Um grande beijo

                        Baby

Muitas lembranças a Taci e ao Carlos

Amanhã se Deus quiser vou ao *Estado* entregar ao Hormisdas o seu artigo, que está ótimo.

                        B.

Chegaram aqui umas antiguidades. Tem alguma coisa nossa? Você falou em damascos antigos. Será umas roupas de padre? Achei lindas mas não sei de quem são deixei na Liga.

B   B
    B   B

[Carta autógrafa à tinta, assinada, 4 fls. em bloco sem pauta, 26,7 x 10 cm. Envelope pequeno, com timbre em vermelho do Automóvel Club de São Paulo, no verso, endereçado a Guilherme de Almeida. 2ª Companhia, Batalhão da Liga de Defesa Paulista E/M.]

---

[36] Rodolfo Freitas.

9   S. Paulo, 3 de agosto de 1932

Guilherminho

Esteve aqui ontem de manhã o Dr. Braga[37] com uma carta e notícias suas e que levou também uma carta minha para você. Ao todo recebi ontem 4 cartas suas. Uma outra por um outro rapaz e duas pelo correio. Tive também notícias suas por intermédio de Marco Aurélio. Soube do bonito que você fez não aceitando um voluntário que queria ficar no seu lugar, e soube também que num destes bombardeios uma granada arrebentou pertinho de você. Que horror! Soube também pelo Dr. Braga de detalhes da vidinha que você leva com ele, o Carlos e Taci no mesmo quarto quando não estão nas trincheiras.

Com que então Cunha tem sido bombardeada diariamente. Deus os proteja! Estou aflita para que já acabe. Esta chuva desta noite não me deixou dormir pensando no frio que há de vir. Com esta segue para você: um capacete de malha para usar naturalmente quando fizer frio e deve ser ótimo em baixo do capacete de aço que vocês já devem ter recebido. Vai também um par de joelheiras e estou com vontade de mandar também aquelas meias compridas iguais ao suéter por causa do frio que vem aí. E você que nem um cobertor decente tem!

Quanto àquele recado, acho melhor pensar antes de dar. Você não tem medo que seja mal interpretado?

Jantei ontem com Nina em casa de Regina Graz. Foram muito amáveis um jantar ótimo, e cúmulo de amabilidade nestes tempos de restrições e falta de gasolina (gasolina hoje em dia é mais difícil que açúcar durante a guerra só se arranja no E. G. 5 litros por muito favor) nos trouxe em casa de automóvel.

---

[37] Delegado de Polícia de Cunha.

Pelo Dr. R.[38] de Freitas médico da força pública, mandei 10 caixas de cigarros para você, doce de leite etc. e pela Liga desde domingo (mas soube que só seguiu ontem terça de madrugada) mandei 10 maços, chocolate e umas balinhas. Ontem de tarde deixei com Antônio na Liga 1 par de luvas e um "bibi" novo.

E por hoje é tudo; vontade não me falta de mandar um cobertor novo, mas tenho medo que você fique zangado.

Dê muitas saudades minhas ao Carlos e a Taci e para você um grande beijo da Baby e mil festinhas da Zizinha que tomou banho e está com mitigal.

P.S:

Há um rapaz aí do batalhão e cunhado do Johny, não o pintor o outro, que está com uma hérnia; a cinta arrebentou deram uma ordinária, e ele está sofrendo e tem medo que a hérnia se estrangule. Ele se queixou, mas não deram importância; continuou a fazer marchas com o batalhão, e sobretudo o marido da prima de Anita diz que é invenção que não é nada, é <u>pretexto para fugir</u>. A irmã me pediu ontem que me interessasse por ele junto à Liga para ser submetido à junta médica. Se for verdade melhor para ele, se for mentira a vergonha é só para ele mesmo, não acha.

Chiquinho Amaral telefonou ontem de Guará dando notícias de vocês. Dizem que você está gordíssimo!

[Carta autógrafa à tinta, assinada, 4 fls. em bloco sem pauta, 26,7 x 10 cm.]

---

[38] Rodolfo de Freitas.

10   S. Paulo 4 de agosto de 1932

Guilherminho querido

Tenho recebido estes últimos dias todas as suas cartas anteontem recebi 4 e ontem uma.

Não se aflija comigo, com a casa a Musmê etc. Está tudo bem isto é: o melhor possível num momento como este.

Eu continuo a receber almoço e janta da casa de D. Angelina. Tenho te contado sempre onde tenho andado. Ontem almocei em casa, durante o dia depois da chuva (quando vier a chuvarada lembra-se?) fui à cidade levar à Liga um capacete de lã, joelheiras, umas meias de lã e cigarros para você. Nesta semana já mandei 30 maços para você. 10 pelo Dr. Freitas, 10 terça-feira pela Liga e mais 10 ontem. O teu artigo já saiu ontem no *Estado* viu?[39] Da Liga me contaram que mandaram 50 *Estados* de ontem por isso não te mandei. Entreguei-o pessoalmente ao Hormisdas que foi muito amável comigo. Há lá no *Estado* 19 ovos frescos que alguém mandou para o pessoal do *Estado* que está na frente. Como o Hormisdas não soubesse onde mandar disse-lhe que mandasse a vocês pela Liga. Imagine que seu Álvaro também foi para a frente, com certeza está em Cruzeiro fazendo café para o Julinho.[40]

Moussia tinha dito ontem que vinha jantar comigo, mas não veio. Jantei só e logo depois do jantar, consertei umas meias suas, fiz a cama com a Maria, tratei de fazer logo a complicadíssima toalete li um pouco de Proust e me deitei.

Hoje estou com vontade de mandar a você estas botinas que ficaram. Para que guardar isto. Quando você voltar com certeza não vai usar estas botas e terá que dar. Tudo para aí tem mais utilidade porque com esta

---

[39] "Cunha". *O Estado de S. Paulo*. 3 de agosto de 1932, pp. 1-2.
[40] Júlio César Ferreira de Mesquita Filho (1892-1969), um dos diretores do jornal *O Estado de S. Paulo*.

chuva as suas devem andar úmidas. E depois sempre o mesmo sapato machuca o pé. Mando sim.

Você não me fala mais do Carlinhos M. que fim levou ele? Aquela vez que ele apareceu aqui houve quem murmurasse.

Falei com Couto sobre o S. Gomide. Parece que os dois vão voltar. O pintor parece que levou um tiro por acidente na perna e também parece que prega ideias comunistas. Ontem vi o Brecheret[41] de civil na rua, calmamente como se nada houvesse.

Em casa de D. Angelina vão todos relativamente bem. (entreguei a sua carta). Você sabe como lá são todos assustados qualquer boato pega lá, ruim ou bom.

Para terminar, quero te dizer que vou bem, que ninguém me seguiu etc. etc. etc. etc. e que as saudades são imensas.

Não tive mais notícias do Nenê.[42] Também está por pouco.

Um grande grande beijo cheinho de saudades,
        Baby.

Mesmo quando você não receber carta minha, fique certo que lhe escrevo todos os dias.

A Zizinha mitigada fez um simpático *Macalá Gabalão* para o patrão querido.

[Carta autógrafa à tinta, assinada, 4 fls. em bloco sem pauta, 26,7 x 10 cm.]

---

[41] Baby refere-se ao artista plástico Antônio Gomide (1899-1967), a seu irmão Sérgio Gomide e ao escultor Victor Brecheret (1894-1955).
[42] Apelido do filho Guy.

11 S. Paulo, 4 de agosto de 1932

Guilherminho

Já te escrevi hoje de manhã uma carta do tamanho de um bonde e que graças a Deus já seguiu com uma encomenda (biscoito, as suas botinas, um par de meia e duas camisinhas cáquis lindinhas que D. Cota amavelmente mandou para você). Mas como amanhã de manhã a Liga quer que as encomendas estejam lá antes do meio-dia e como vou sair amanhã, com certeza não terei tempo de lhe escrever.

Vou sair porque combinei com Nina e Moussia (senão os outros dois ficavam tristinhos coitadinhos) que vocês precisam receber pijamas de lã, uma vez que vocês às vezes dormem em casa e que está fazendo frio.

Naturalmente que vamos procurar Nina e eu (Moussia diz que Carlos já tem e que ela manda de casa) uma coisa simples, quente, sem pretensão da rua Sta. Ifigênia. Muito ordinária não deve ser senão não esquenta. Resolvi também mandar os seus chinelos, uma vez que já estão tão velhinhos não faz mal. Mas pelo amor de Deus não pragueje nem fique com ódio de mim. Eu já imagino o que você falou de eu ter mandado as botinas e a Bronquitina Chaves.

Acaba de me telefonar neste momento uma senhora que acaba de chegar de Cunha e me contou que vocês todos estão muito bem e que não tem ninguém doente. Acreditei mais nela do que nos homens, porque você bem sabe uma mulher sempre vê melhor essas coisas. Ela falou que amanhã vai passar o dia entregando as cartas que trouxe. Haverá alguma para mim? Hoje não recebi nada.

Hoje faz 15 dias que vocês dormiram cedinho para embarcarem no dia seguinte... Quinze dias... Um século...

Essa chuvarada tem enervado muito a todos. Quando chove assim não posso dormir pensando na umidade e no frio que vocês estão passando. Na Liga estão vendo se arranjam sobretudo para vocês. Que bom!

Passei a tarde hoje das 2 às 6 no Posto S. Paulo enrolando bandagens. Jantei e almocei em casa. Junto vai uma fotografia num jornal imundo (não tenho outro) do Posto. Veja se me reconhece no 1º plano. À minha esquerda está a Elisinha Byington casada com este Byington bonitão que você conhece. Ainda Botelho e Botelho e mais Botelho.

Adeus, um grande beijo cheio de saudade e mais saudade e um bom Macalá Gabalão da Zizinha

Baby

Dia 5: esta letra chegou hoje, mando a você só para você me dizer o que devo fazer.

[Carta autógrafa à tinta, assinada, 4 fls. em bloco sem pauta, 26,7 x 10 cm. Envelope branco para 2ª Companhia do 1º Batalhão da Liga de Defesa Paulista, Cunha.]

LIGA DE DEFESA PAULISTA
RUA SÃO BENTO N.º 19
TELEPHONE, 2-7028
CAIXA POSTAL, 2511
ENDEREÇO TELEGR. "LUIGAL 1025"
SÃO PAULO

S. Paulo, 5 de Agosto 1931

Guilherminho.

Dentro do embrulho vae uma longa carta, esta é só para dizer a você que me telephonaram hoje da Escola avisando que pagavam hoje e se eu não tinha procuração tua. Como você não deixou e como eu não sei te você quer que se receba mando te avisar, e caso você queira faça a tit procuração para alguem (Sen Henrico anda viajando) junto o papel da liga para facilitar.

Saudades a Tacy e Carlos e um grande beijo de

Saudades da
Moussia

12   S. Paulo, 5 de agosto de 1932[43]

Guilherminho

Dentro do embrulho vai uma longa carta, esta é só para dizer a você que me telefonaram hoje da Escola avisando que pagaram hoje e se eu não tinha procuração sua. Como você não deixou e como eu não sei se você quer que se receba mando te avisar, e caso você queira fazer a tal procuração para alguém (seu Alarico anda viajando) junto o papel da Liga para facilitar.

Saudades a Taci e Carlos e um grande beijo de
                      Baby

Saudades da Moussia.[44]

[Carta autógrafa à tinta, assinada, 1 fl. em papel timbrado da Liga da Defesa Paulista, sem pauta, 26,5 x 20 cm. Envelope branco para a 2ª Companhia do 1º Batalhão da Liga de Defesa Paulista.]

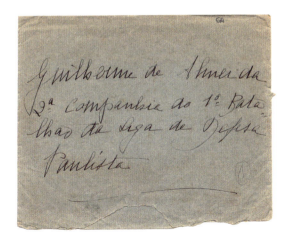

[43] Baby datou de 1931.
[44] Caligrafia da Moussia.

13   S. Paulo, 6 de agosto de 1932

Guilherminho

Acabando de receber a visita do Seu José Alberto Freire[45] que me trouxe notícias fresquinhas suas. Ontem recebi também a sua carta que veio por aquela tal Senhora. Telefonou também ontem de noite a senhora de um soldado que chegou daí e hoje telefonou cedinho um capitão do Batalhão dos engenheiros que está em Cunha. Já se vê que tenho graças a Deus notícias fresquinhas suas além da carta que o seu Freire me trouxe. Muito *merci*!

Fiquei muito contente de saber que vocês têm uma criada que trata de vocês que ótimo! Também só agora você me conta isso, é o cúmulo. Resolvi mesmo me queixar das suas cartas que são curtíssimas do que se passa aí, do que vocês fazem, do que vocês precisam e ainda por cima não respondem as minhas.

Tenho te escrito todos os dias cartas do tamanho de um bonde. Tenho te contado tudo o que se passa aqui, menos os boatos naturalmente, que nem acredito nem nos bons nem nos maus. Tenho te contado a minha vida toda, as visitas que faço, os jantares onde vou etc. etc. etc.

Mas você não me diz nada, nem se aprova nem se desaprova. E sobretudo não me pede nada. Isso é o que mais me aborrece. Você <u>precisa</u> <u>precisa</u> de alguma coisa!

Depois que te mandei as luvas e o bibi (que você acusou muito amavelmente na carta de ontem) já te mandei: cigarros (3 vezes esta semana, 10 maços cada vez), chocolate, 1 par de sapatos, 2 camisinhas que D. Cota mandou, 1 lata de cracker, 1 de Bronchitina, um pouco de pastilhas de corifina, 1 par de meias pretas, 1 capuz de lã para a cabeça, 1 par de joelheiras, 1 par meias de lã e ontem pelo correio da Liga que deve ter partido hoje de manhã 1 pijama de flanela de algodão da rua

---

[45] José Alberto Freire.

Sta. Ifigênia e o teu par de chinelos. Ufa! Isto tudo em três dias diferentes isto é em 3 embrulhos diferentes cada um com a sua carta.

Dizem que trás-anteontem virou o caminhão de correio que ia para Cunha, e é uma pena! Esse caminhão parece que levava justamente o capuz de lã, as joelheiras e uns cigarros.

Estou desolada!

Bom agora basta de recriminações. Gostei muito do seu retratinho tirado aí. Está com o cachecol hein? Sei que está um frio horrível aí. Todos dizem que você está lindo e gordo.

Vocês já estão de capacete de aço? Não deixe de usá-lo e dizem que a melhor maneira de fazer é com uma boininha pequeninha por baixo como os franceses durante a guerra. Não quer que eu te mande uma?

Bom vou acabar com esta mesmo porque reconheço que ela está muito antipática e sem *it* nenhum. *Mademoiselle* de Lespinasse[46] esgorlfou [sic].

D. Olivia falou ontem no rádio.[47]

D. Angelina e Cia. Nenê, Leonor mandam sempre muitas lembranças. A Zizinha está com cara comprida esperando a sua chegada, como ela espera a cama. E eu mando um grande beijo e todo o amor da
Baby.

[Carta autógrafa à tinta, assinada, 4 fls. em bloco sem pauta, 26,7 x 10 cm.]

---

[46] Escritora de cartas do século XVIII francês.
[47] Olivia Guedes Penteado (1872-1934), mecenas do Modernismo, chefiou o Departamento de Assistência à População Civil, criado pelo governador Pedro de Toledo.

14   S. Paulo, 7 de agosto de 1932

Domingo de manhã

Guilherminho querido

Até agora estou esperando uma carta sua do dia 3 que ainda não chegou, mas acho que é possível que chegue hoje. Você como vai? Continua engordando *et prenant des couleurs*?[48] Não fosse o horror que é esta guerra (América só quer que se diga guerra) e os riscos por que vocês passam a cada minuto, esta vida sadia e primitiva, quase animal, é uma mudança de que você estava precisando há muito tempo.

Eu cá vou por aí arrastando esta vida, procurando ver o menor número de gente possível. Me esquivando mesmo. Se eu sempre gostei de estar só, neste momento de aborrecimentos e preocupações me é quase uma necessidade. Mamãe que era parecida com Maria H.[49] dizia sempre: "Que só se veja quem só se deseja". Eu por mim acho que "antes só do que mal acompanhado". Na alegria e no prazer sim, é que a gente precisa de companhia, mas na tristeza nada como a solidão. Leonor, Nina, Maria de Est,[50] até Evangelina me convidaram para morar *avec*,[51] mas eu agradeci e prefiro almoçar e jantar sozinha com os meus pensamentos que é muito melhor.

Do Guy continuo sem a menor notícia, espero em Deus que lá estejam todos bem. A Zizinha que sente muito a sua falta continua cheia de luxinhos, não come lá embaixo se eu não estou, tem que se trazer a comidinha para cima etc.

---

[48] Pegando uma cor.
[49] Maria Henriqueta Barrozo do Amaral (1905-?), irmã de Baby, foi casada com o jornalista Assis Chateaubriand.
[50] Estevinho, Estevam de Almeida.
[51] Morar com.

Recebeu a geleia de goiaba e a camisinha de lã que foram pelo Sr. Freitas?
Adeus aí vai toda a minha saudade e um grande beijo de
Baby.

11 horas da manhã. Acabo de receber nesse momento 2 cartas suas de 5 e 9 de agosto mas eu tenho te escrito todos os dias![52]

[Carta autógrafa à tinta, assinada, em 2 fls. de bloco sem pauta, 26,7 x 10 cm.]

---

[52] Trecho escrito na margem direita da fl. 2, de cima para baixo.

15   S. Paulo, 8 de agosto de 1932

Guilherminho

Ontem de manhã depois que te escrevi recebi duas cartas suas pelo correio MMDC. Às vezes tenho vontade de escrever pelo MMDC em vez da Liga, parece que há correios mais frequentes.

Passei o dia ontem em casa de D. Angelina. Soube por Maria que Estevinho vai para aí hoje. Coitada de Maria, ela está num estado de nervos horrível.

O Coaracy[53] acaba de me telefonar neste momento dizendo que o que [sic] quer que você venha passar uns dias em S. Paulo e que já pediu ao quartel-general. Que ótimo! Estou radiante.

Nem sei mais o que te escrever. Nem que fosse um dia, que bom!

En attendant[54] um grande beijo cheio de alegria da
                                    Baby

Não fale nada a Estevinho da Maria e o Coaracy também me pediu segredo

[Carta autógrafa à tinta, em bloco sem pauta, 26,7 x 10 cm.]

---

[53] Vivaldo Coaracy (1882-1967), engenheiro mecânico, abandonou a profissão e tornou-se jornalista e escritor.
[54] Aguardando, à espera.

16   S. Paulo, 9 de agosto de 1932

Guilherminho

Não sei bem o que está se passando. Se você vem, se quer vir, se não vem. Por via das dúvidas resolvi te escrever pelo Bentinho[55] que vai hoje e assim mesmo não sei se chega porque o *chauffeur* do Bentinho é o pior do mundo.

Como vão os guarda-comidas? Um mês hoje hein...

A coisa mais engraçada é que enquanto dizem que vocês estão engordando com todas essas privações, as mulheres aqui atrás estão todas magras "esquecheladas" como diz madrinha.

Ainda ontem vi a Sra. Conceição. Faz uma diferença enorme d'aquele chá de D. Betita, lembra-se. Moussia também está mais magra. E eu nem falemos. Também parece que eu já estava.

Afinal você não me contou ainda se tem usado os capacetes de aço, como é, como não é. Ontem recebi uma carta sua que veio por portador pedindo um "bibi" que seguiu imediatamente por Antônio. Custou 3$000 agora baixou. E é bem bonitinho com as bandeirinhas.

Então o Rubens e Estevinho sempre foram pra Cunha? Como andará Estevinho com as desconfianças dele?

A casa aqui vai bem, tudo em ordem. A Maria no outro dia me disse: Ih! D. B. eu acho que morro de vergonha! Porque imagina a senhora que o meu último namorado não há meio de querer partir. Acho que vou mandar uma peninha a ele como na fita!

Adeus um grande beijo e toda a saudade da

                                  Baby

[Carta autógrafa à tinta, assinada, 2 fls. em bloco sem pauta, 26,7 x 10 cm.]

---

[55] Bento Camargo Filho.

17   S. Paulo, 10 de agosto de 1932

Guilherminho querido

Acabo neste momento de ter notícias de Antônio que telefonou de Taubaté a D. Angelina dizendo que deixou todos bem e que só chega aqui amanhã. E como não quero passar um dia sem te escrever quero que esta pegue algum portador amanhã.

A única coisa que eu faço com prazer hoje em dia é escrever. Não é que pense em escrever bem nem mal. Mas sempre é um consolo. Embora suas cartas sejam adoráveis (hoje recebi 2) são minúsculas. Você só me escreve à última hora quando tem algum portador.

Estive hoje com Carolina e Carlota[56] na Cruz Vermelha. Carlota sempre ótima me contou que numa viagem que fez há poucos dias num trem vinham junto no mesmo *wagon* uma porção de soldados que vinham de Cunha e de repente começaram a falar em você elogiando dizendo que onde você está reina alegria, bom humor, etc. de que você é ótimo, extraordinário... e um deles trazia uma carta para mim.

Acho que foi justamente este último rapaz que esteve aqui em casa sexta ou sábado passado e que me pareceu gostar muito de você, meio tímido, de barba, olhos azuis e bonitão e que levou umas latas de geleia, mas você não me falou nelas.

Fiquei contente de saber que você gostou do pijama e dos chinelos, que recebeu os sapatos e os biscoitos.

Hoje durante o dia saí e comprei as 5 lâminas e o sabão de barba. As lâminas mando já, o sabão de barba só se você pedir.

Fiquei horrorizada de saber que Taci está barbudo... Não sei por que me faz pensar naquela frase de Mrs. Neaves: *It must have a most peculiar....*[57]

---

[56] Carolina da Silva Teles (1894-?), filha de Olivia Penteado; Carlota Pereira de Queiroz (1892-1982), médica, primeira mulher eleita deputada federal em 1934.
[57] Deve ser muito peculiar.

Quanto ao peru você bem podia ter me mandado uma asinha...

Acho que você não deve mais ter nem chocolate nem balas vou tratar disso amanhã. Porque roupa mesmo acho que você não precisa mais. Sabe, agora aqui estão quedando para arranjar capuz de lona para os soldados... É impermeável, é quente, é ótimo. Vocês não querem? Pergunte a Carlos e Taci. Mais uma das minhas ideias.

Aqui em casa tudo continua na calma. A Zizinha tomou banho hoje, está linda.

A patinha Kellog está mudando as penas está branquinha de neve. Viu seu artigo de hoje no *Estado*?[58] É lindo, ouvi muitos elogios.

A Record desde ontem que está lendo uma carta sua.

Recebi também a carta que veio por uma senhora que esteve aí.

Adeus Guilherminho querido dê muitas saudades a todos e para você um grande beijo e uma grande saudade de

Baby

[Carta autógrafa à tinta, assinada, 4 fls. em bloco sem pauta, 26,7 x 10 cm. Envelope comum pequeno com carta para Guilherme de Almeida, 1º Batalhão da Liga de Defesa Paulista, 2ª Companhia, Cunha, PEF (pelo especial favor) do Dr. René Thiollier, av. Paulista 65, E/M (em mãos)].

[58] "*Berceuse* das trincheiras". *O Estado de S. Paulo*, 10 de agosto de 1932.

18   S. Paulo, 11 de agosto de 1932

Guilherminho

Passei a noite a noite inteira (até duas e meia mas como eu agora estou muito pacata 2 e meia é a noite inteira) acordada esperando notícias suas por Nina que ficou com a Lúcia esperando por Antônio. Mas Nina que por sua vez também não dormiu só telefonou para cá hoje cedo às 7 horas falou com a Maria, não quis me acordar e disse que todos estão bem.

Antônio também deve estar exausto.

Nina contou à Maria que como todos dizem que você está ótimo, gordo, corado bem disposto, etc... que dorme com o pijama, etc...

Você recebeu uma camisa de lã da rua Sta. Ifigênia que eu mandei? Cinzentinha?

D. Olivia acaba de me telefonar pedindo notícias suas e manda um abraço. Gofredo[59] tem também muito boa impressão de você e que você está com um moral ótimo. Maria foi hoje de manhã com o Thiollier (que levou uma carta minha para você) visitar o Clóvis.[60] D. Olivia me contou agora. Parece que ao certo não se sabe onde está o Clóvis.

Estevinho e o Rubens já devem estar aí. Como andarão eles. Estevinho não precisa de nada? Anda menos desconfiado?

O rádio continua a ser o meu amigo inseparável foi mesmo uma sorte. Eu continuo só gostando de discos. Ontem o Januário[61] cantou a sua Marcha [sic] canção ficou linda.[62] A Carlota mandou também

---

[59] Gofredo Teixeira da Silva Teles (1888-1980), jurista, foi prefeito de São Paulo durante a Revolução de 1932.
[60] Maria Penteado de Camargo (1897-), filha de Olívia Penteado, casada com Clóvis Martins Camargo, fazendeiro e bacharel em Direito; René Thiollier (1884-1968), escritor, jornalista e bacharel em Direito.
[61] Januário de Oliveira (1902-1959), cantor popular, nascido no Rio de Janeiro.
[62] "O passo do soldado": Marca o passo, soldado! Não vês/Que esta terra foi ele que fez?/Que o teu passo é o compasso seguro/De um passado, um presente e

felicitar você por ela. O *speaker* da Record continua como você sabe o mesmo, cada vez melhor e mais entusiasmado.

No dia 9 ele passou o dia enumerando o que S. Paulo tem feito nestes 30 dias. Uma maravilha! Mas dito por ele você nem calcula.

Imagine você que só para os capacetes de aço já há perto de 500 contos em 8 dias. Uma beleza.

Quero ver se arranjo hoje aqui em casa um chá com a Cecília Lebeis,[63] Nina e Moussia, Evangelina para me distrair um pouco.

Você devia escrever você mesmo um cartão a D. Cota agradecendo as camisas. Não se esqueça.

Soube pelo Coaracy que ele te escreveu uma carta em que fala de mim. Diz que sou muito difícil e misteriosa e que sob a minha aparência expansiva eu sou impenetrável.

Dr. Coaracy, eu respondi, bem que eu já tinha reparado que esses seus olhinhos inquisidores andavam me estu [estudando].

Tive neste momento um grande prazer com a sua carta que veio por Antônio e um aborrecimento por saber que o Rubens já está perseguindo vocês. Eu bem imaginei quando soube que ele ia para aí logo vi que a vida de vocês ia piorar.

Estevinho também não tem lá muito bom gênio. É uma pena que ele (Rubens) não vá para outro lugar. E se ele acha que a vida daí não é suficientemente dura que peça a transferência dele para [ilegível] se tiver coragem. Recebi também os damascos.

Hoje foi o dia das emoções. A Cecília Lebeis se ofereceu para mandar para o Rio carta minha por um portador desconhecido. Escrevi a Papai e Padrinho cartas discretíssimas já foram. Deus queira que venha resposta.

Adeus Guilherminho. Siga sempre o exemplo das minhas cartas.

---

um futuro?//Vê soldado, que grande que tu és!/Tua terra se atira a teus pés!/E estremece de orgulho! E ergue os braços:/Ergue braços de poeira aos teus passos!

[63] Cecília Lebeis Dias, casada com o jurista Theodomiro Dias (1885-1968), mãe do também jurista José Carlos Dias (1939).

Dê muitas saudades minhas a Carlos e Taci e para você um grande beijo de
>
> Baby

Acho que no fundo o R. está com inveja de vocês. A mulher dele que tem um medo dele que se pela tem receio de mandar coisas para ele e que ele se irrite.
O Juvenal Penteado[64] me telefonou muito amável.[65]
Antônio achou você triste por quê? Não se preocupe comigo vou muito bem.[66]
Compreendi muito bem o motivo que você não pode vir e acho que fez bem.[67]

[Carta autógrafa à tinta, assinada, 3 fls. em bloco sem pauta, 25,5 x 9,5 cm.]

---

[64] Juvenal Leite Penteado Filho, empresário e bacharel em Direito, combatente na frente do litoral, irmão da mecenas e fazendeira Iolanda Penteado (1903-1983).
[65] Trecho escrito na margem esquerda superior da fl. 1, de baixo para cima.
[66] Trecho escrito na pauta direita, de cima para baixo, fl. 1.
[67] Trecho escrito na pauta direita, de baixo para cima, fl. 3.

19   S. Paulo, 12 de agosto de 1932

Guilherminho.

Estou te escrevendo a esmo porque não sei mesmo se você ainda estará em Cunha quando esta chegar lá. Hoje passei o dia em casa, Nina, Moussia e Regina Graz[68] estiveram aqui tomaram chá comigo.

Soube por uma sua carta de ontem e por Moussia que vocês tiveram um combate aí ontem, mas que graças a Deus não aconteceu nada a vocês.

Em todo o caso eu quero dizer a você que se você tiver que voltar unicamente por minha causa é um absurdo! Você bem me conhece, e sabe que sinto muito a sua ausência e a do Guy, mas que acima de tudo isto está o seu dever e que de maneira nenhuma eu quereria que você sacrificasse o seu nome e a sua honra por minha causa. Aborrecida ficaria eu se isto acontecesse. Tenho passado bem, preocupada com vocês naturalmente; e se tenho emagrecido é porque: por esquecimento e ultimamente tinha deixado de tomar gemada e ultimamente não tenho dormido durante o dia.

Mas agora já recomecei.

Neste momento estão tocando e cantando "O passo do soldado" na Cruzeiro do Sul. Ontem tocaram na Record.

Adeus Guilherminho

Saudades a todos e a você um grande beijo da
                         Baby

O negócio da rádio Phillips é verdade. Muita gente me falou inclusive a Sarah Pinto todos indignados porque no Rio burramente quiseram debochar daquelas suas violetas do dia da partida e disseram que você tinha uma violetinha em cada casa do dólman. Poeta, poeta, poeta, poeta separatista.

---

[68] Regina Gomide Graz (1897-1973), artista plástica.

[Carta autógrafa à tinta, assinada, 3 fls. em bloco sem pauta, 25,5 x 9,5 cm. Envelope pequeno, com timbre em vermelho do Automóvel Club de São Paulo, no verso. Endereçado a Guilherme de Almeida. 1º Batalhão da Liga de Defesa Paulista, 2ª Companhia. PEF do Dr. Rodolfo de Freitas, Rua Maestro Cardim, nº 136. Nesta/ EM.]

20   S. Paulo, 13 de agosto de 1932

Guilherminho querido

Recebi uma telefonada hoje de manhã de uma senhora Perroni dizendo que veio de Guarating. [sic] uma carta sua por intermédio de um filho dela. Expressa, o que será? Estou aflita para saber.

Imagine que acabo de receber a telefonada da Débora, lembra-se aquela prima de Anita que mora na rua S. Carlos do Pinhal casada com um italiano. Eles chegaram do Rio domingo passado de avião. Tive muita vontade de telefonar a ela, mas depois pensei ser inútil eles devendo evoluir no Rio num círculo inteiramente diferente do nosso.

Ela acaba de me dizer que um dia passeando por acaso por umas ruas da Lagoa umas amigas mostraram a casa de papai. E ela veio muito gentilmente se oferecer para, por intermédio dessas amigas, obter notícias do Guy. Que ótimo! Será que virá alguma notícia? Anteontem já foi por intermédio de D. Zilota.[69] Agora pela Débora, quem sabe?

Esta noite fiz uma orgia à moda antiga li na cama até 3 e meia da madrugada um romance por sinal que *malsain* e idiota. *L'amour est mon péché*.[70] Estou arrependidíssima de ter perdido inutilmente 4 horas de sono. De hora em diante só me darei cada vez mais a estudos históricos, *mon cher*...

Vi umas fotografias ótimas de vocês. Nina me deu uma.

Vi uma referência que o Juvenal Penteado fez a vocês 3 hoje no *Estado*?

Uma grande saudade e um grande beijo de

                                     Baby

---

[69] Possivelmente, trata-se de D. Zilota, mãe de Cecília Lebeis.
[70] Em português, o título seria "O amor é meu pecado". De Hermine Lecomte de Nouÿ.

Achei você forte, Taci gordíssimo, Carlos magro e Estevinho cabuloso.

Estou com vontade de dar aquela moeda de ouro para S. Paulo com o nome do Guy. Que acha?[71]

[Carta autógrafa à tinta, assinada, 4 fls. em bloco sem pauta, 26,5 x 10 cm. Envelope, com carimbo da Liga de Defesa Paulista com a indicação: visto e revisto na parte inferior, endereçado a Guilherme de Almeida. No verso, o lacre do Correio Militar da Liga de Defesa Paulista.]

[71] Trecho escrito na pauta lateral direita da fl. 1.

S. Paulo 17 de Agosto 1932

Julhacuinho

Estou recebendo neste momento a tua carta com as vidros de perfumadas! Muito obrigada. Que pena vocês terem perdido aquella pensão. Todos que vieram d'ahi diziam que era optima.

Agora vocês vão emagrecer e ficar doentes se começar um a comer batata.

A proposito de batata ha uma pessoa, um tal Cole que manda sempre uzinhas gottosas para você não? tem bom que todas as que escreviam sempre a você se lembram agora de mandar alguma coisa.

Uma Alegria: hontem de noite Cecilia Lebeis me telephonou contando que numa carta que receberam do Rio Padrinho mandou dizer

que Ella Madrinha
e o Iny. estão bem.
Só isto, mas para mim
foi uma grande satis
fação. Hontem depois
que te escrevi telephonei
no Rosario para falar ao
Benjamin, etc e pergun
tei pela Luma, mas me
responderam que quem
estava era o Benjamin.
O Benjamin me contou
então que esta aqui
em S. Paulo ha ja mais
de uma semana.
Que veio pelo litoral
Bella villa eta. Curiosa
não é? e se promptificou
a mandar um telegram
ma para o Rio por um
consulado americano ou
inglez. Contou também
que o pova do Rio vive
ouvindo radio e que elle
recebeu todos os recados que
a senhora d'Ella mandava.
Por que telephonavam a elle
contando altas horas da madru
gada. Diversas vezes.
Como nunca mais
tivesse procurado D. Lota

HH   6A

hontem mandar-lhe uns
cravos muito bonitos. De noite
ella me telephonou muito
amavel e me convidou
para jantar lá um destes
dias. Talvez amanhã se-
gunda. D. Angelina me
contou que te escreveu uma
carta se queixando de mim.
Disse fulôzinho porque
(não pense, ue houve briga
nenhuma) que vou as uni-
ões como todo o mundo es-
tá inventando que estou
magra q uero me tratar.
Não estou tão magra as-
sim estou com 58 kilos
junto vae o bilhetinho. Agora
que já tive noticias do
Guy vou melhorar.
Estava comendo até muito
bem; mas agora, embora pior
vou tomar sopas guisadas
e outras complicações.
Pela sua carta vejo
que você descobriu você
aliás um bom v.
E bom faz passar o tempo
e distrae. Tambem vou
arranjar

Me esqueci de te
dizer que o Benjamim
foi muito amavel
me offereu recursos p/se
eu precisasse de.
Adeus Guilherminho
Não te preocupe com
migo
Um grande grande
beijo da
Duby

Guilherme
Acceita com Tacy e Ethor-
ulo um abraço saudoso de
Valentina

21   S. Paulo, 14 de agosto de 1932

Guilherminho

Estou recebendo neste momento a sua carta com as violetas, que perfumadas! Muito obrigada. Que pena vocês terem perdido aquela pensão. Todos que vinham daí diziam que era ótima. Agora vocês vão emagrecer e ficar doentes se começarem a comer lataria.

A propósito de lataria, há uma pessoa, um tal Cole que manda sempre coisinhas gostosas para você, não? Bem bom, que todas as que escreviam sempre a você se lembrem agora de mandar alguma coisa.

Uma alegria: ontem de noite Cecília Lebeis me telefonou contando que numa carta que receberam do Rio, Padrinho mandou dizer que ele, Madrinha e o Guy estão bem. Só isso, mas para mim foi uma grande satisfação. Ontem depois que te escrevi, telefonei ao Rosário para falar ao Benjamin, isto é, perguntei pelo Lima, mas me responderam que quem estava era o Benjamin.

O Benjamin me contou então que está aqui em S. Paulo há já mais de uma semana. Que veio pelo litoral Bela Vila ele. Curioso não é? E se prontificou a mandar um telegrama para o Rio por um consulado americano ou inglês. Contou também que o povo do Rio vive ouvindo rádio e que ele recebeu todos os recados que a senhora dele mandava. Porque telefonavam a ele contando altas horas da madrugada. Diversas vezes.

Como nunca mais tivesse procurado D. Cota, ontem mandei-lhe uns cravos muito bonitos. De noite ela me telefonou muito amável e me convidou para jantar lá um desses dias, talvez amanhã segunda. D. Angelina me contou que te escreveu uma carta se queixando de mim.

Deixei Guilherminho porque (não pense que houve briga nenhuma) quis variar uns dias e como todo mundo está inventando que estou magra quero me tratar. Não estou tão magra assim estou com 58 quilos junto vai o bilhetinho. Agora que já tive notícias do Guy vou melhorar.

Estava comendo até muito bem; mas agora, embora pior vou tomar sopas, gemadas e outras complicações.

Pela sua carta vejo que você descobriu (vocês aliás) um bom v.....

É bom faz passar o tempo e distrai. Também vou arranjar.

Me esqueci de te dizer que o Benjamin foi muito amável. Me ofereceu "recursos" se eu precisasse etc...

Adeus Guilherminho. Não se preocupe comigo.

Um grande beijo da
                                            Baby

Guilherme

Aceita com Taci e Estevinho um abraço saudoso da Valentina

[Carta autógrafa à tinta, assinada, 4 fls. em bloco sem pauta, 27 x 10 cm. Envelope endereçado a Guilherme de Almeida, na 2ª Companhia do 1º Batalhão da Liga de Defesa Paulista. PEF Juvenal Penteado.]

Estevam de Almeida Júnior, Guilherme de Almeida, Carlos Pinto Alves e Tácito de Almeida.

Madame

Guilherme de Almeida

12, Alameda Ribeirão Preto, 12

São Paulo

DE GUILHERME DE ALMEIDA
PARA BABY (BELKISS BARROZO DO AMARAL)

Cunha, 27 - VII - 932

Baby, meu amor

Aqui estamos em Cunha. Recepção triumphal em Lucrê e depois... Quatro horas em caminhão, de noite, por serras mais esperas que as de Santos-S. Paulo...

Dormi no Chet, pela 1ª vez. Frio immenso; mas os meus cobertores me bastam. Tacy veio comnosco. Estou só com o Carlos. Carlinhos foi requisitado em Lucrê, pª S. Paulo; de sorte que os 3 mosqueteiros ficaram sendo 2.

Cunha é lindo. Velhissimo. Já arranjei uns damascos velhos de igreja, pª Você.

Nada sei do que nos espera aqui. Só sei que a saudade é infi-

-Mitõ, que a certeza de Victoria é viva e que a vontade de voltar para ahi é tudo.

Teve notícias do Puy?
E a Musmê, como vai?
Saudades a Todos.

O beijo grande, grande,
grande do

[assinatura]

1 Cunha, 27 de julho de 1932

Baby, meu amor

Aqui estamos em Cunha. Recepção triunfal em Guará e depois... quatro horas em caminhão, de noite, por serras, mais ásperas que as de Santos – São Paulo...

Dormi no chão, pela 1ª vez. Frio imenso; mas os meus agasalhos me bastam. Taci veio conosco. Estou só com o Carlos. Carlinhos foi requisitado em Guará, para São Paulo; de sorte que os 3 mosqueteiros ficaram sendo 2.

Cunha é lindo. Velhíssimo.[72] Já arranjei uns damascos velhos de igreja, para você.

Nada sei do que nos espera aqui. Só sei que a saudade é infinita, que a certeza da vitória é viva e que a vontade de voltar para aí é tudo.

Teve notícias do Guy?

E a Musmê, como vai?

Saudades a todos.

O beijo grande, grande, grande do

Guilherme

[Carta autógrafa à tinta, assinada, 2 fls. em bloco sem pauta, 26 x 17,5 cm. Envelope azulado do 1º Batalhão da Liga de Defesa, com carimbo em vermelho do Correio Militar MMDC, endereçado a Madame Guilherme de Almeida, Alameda Ribeirão Preto, 12, S. Paulo.].

[72] "Cunha dormia como *La belle au bois dormant* o seu sono de dois séculos [...] e descansava atrás das cinquenta e quatro corcovas da Serra de Quebra Cangalhas [...] E sonhava. E sonhava o seu sono manso de cidade histórica e trabalhadora. Pouso dos homens da mineração, com suas ruas Século XVIII, estreitas, pedradas de valetas no centro; e suas casas pesadonas de taipa grossa borrifada de cal, portas e janelas de cabreúva e rudemente talhadas a cuxó e pintadas a óleo cor de goiabada e cheias de trancas e tramelas." "Cunha". *O Estado de S. Paulo*, 3 de agosto de 1932, pp. 2-3.

2   Cunha, 29 de julho de 1932

Babyzinha querida

Recebi, anteontem, suas duas cartas que vieram aumentar mais a minha saudade louca.

Aqui vamos indo bem. Ontem tivemos o nosso batismo de fogo: um bombardeio aéreo que durou 50 minutos de que nenhum mal nos causou. Creio que destruímos um deles, que fugiu com motor parado.

Estamos bem acomodados e alimentados. Arranjei para Carlos e Taci dois quartos na casa de um rapaz e estamos dormindo em cama, com travesseiro e tudo. O clima daqui é adorável: dá um apetite terrível. Arranjamos também pensão onde comemos nós 3 com mais 2 rapazes: comida ótima. O que me está faltando são cigarros.

E você, que tem feito? Saído muito? Já teve notícias do Guyzinho? É pena não ser possível telefonar daqui.

Os rapazes todos desta cidade me têm festejado muito. E também os das trincheiras vieram convidar-me para visitá-los: vou hoje. É tudo uma gente ótima e simples.

Faz hoje uma semana que nos separamos: parece um século... Eu queria que você falasse ao Coaracy isto, textualmente: "– O Guilherme manda lembranças e avisa-o de que os 8 dias estão completos". Vi, no *Estado* de anteontem, o meu retrato, num grupo: está cômico.[73]

O nosso capelão, Pe. Arnaldo, chegou ontem de Pinda e celebrou hoje uma missa nas trincheiras.

Mamãe como vai? E os outros todos? Junto um bilhete para Mamãe, que peço a você lhe entregue.

Faça muitas festinhas por mim na Musmê. E pense sempre em mim, como eu, que nunca deixo de pensar em você.

---

[73] *O Estado de S. Paulo*, 27 de julho de 1932.

Je voudrais vous écrire ceci tout simplement: je vous aime beaucoup....[74]
O melhor beijo do
                              Guilherme

Recebeu a minha cartinha de anteontem?

[Carta autógrafa à tinta, assinada, 2 fls. em bloco sem pauta, 20 x 21 cm, timbrado do 1º Batalhão da Liga de Defesa Paulista. No envelope azulado, endereçado a Madame Guilherme de Almeida, 12, Alameda Ribeirão Preto, 12, S. Paulo, anota também o telefone e detalha a localização da Alameda Ribeirão Preto: travessa da Luiz Antônio antes da Avenida Paulista. É possível que tenha vindo por algum portador, pois na parte superior constava PEF (pelo especial favor).]

[74] Gostaria de escrever-te simplesmente: eu te amo. (Tradução da organizadora)

3   *Cunha, 30 de julho de 1932*

Baby, meu amor

Estevinho acaba de chegar de Pinda (são 2 horas e 1/2), trazendo-me 2 cartas suas, que me deixam pasmo, por saber que você não recebeu nenhuma carta minha. Eu tenho escrito <u>todos os dias</u> e mandado telefonar de Guará frequentemente. Não posso compreender o que se passa. Quem sabe se, não tendo ninguém em casa, nem você nem Maria, o carteiro não entrega as cartas? É a única explicação que encontro. Esta vai por portador, para ser entregue em mão própria. Vamos ver se ao menos esta você recebe. Hoje já tinha escrito 2 cartas!...

Recebi hoje os cigarros que você mandou no dia 27. Muito e muito obrigado.

Aqui vamos bem, graças a 2 famílias (só homens) que nos hospedam e alimentam muito bem. Estou mais gordo. O clima é ótimo. Temos tido algumas lutas sempre favoráveis a nós, graças a Deus. Ainda não senti os carrapatos, a que você se refere, nem qualquer outro inseto mau.

As saudades é que são medonhas. Estou louco por sair daqui, voltar para S. Paulo, o mais depressa possível, e com a Vitória Completa.

A Liga não nos "liga". O serviço postal deles está pessimamente organizado. Conte isso ao Coaracy e lembre-lhe a promessa, que ele me fez, dos 8 dias.

Até breve, meu amor. Festinhas a Musmê. E, para você, o beijo mais carinhoso do seu

Guilherme

Babyzinha

Junto um artigo para o *Estado* que peço a você entregue pessoalmente ao <u>Hormisdas Silva</u>, que está na recepção das 3 às 5 horas da tarde.

Todo o coração saudoso do

                                       Guilherme

[Carta autógrafa à tinta, assinada, 2 fls. em bloco sem pauta, 23 x 17,3 cm. Envelope azulado endereçado a Madame Guilherme de Almeida, 12, Alameda Ribeirão Preto, 12, São Paulo.]

4   Cunha, 30 de julho de 1932

Babyzinha, meu amor

Um beijo longo e longo...
Vamos indo bem por aqui. Nada nos falta. Hoje recebi uns cigarros seus e uma cartinha de 27 em que você ainda nos julgava em Guará. Desde 26 estamos aqui. Entreguei a Taci o seu Cartão. O do Rubens, não, porque ele ficou em Pinda.

Tivemos ontem a visita agradabilíssima do Dr. Aires Neto,[75] que levou uma carta minha para você. Hoje, o Sérgio Gomide desce a Guará e eu o encarreguei de telefonar para você.

Fiquei, anteontem, muito triste: perdi, no campo, durante o *raid* dos aviões inimigos, o meu boné ("bibi") em que você tinha escrito o seu SATO. Que pena! Procurei-o a tarde toda: inútil. Suponho que algum soldado da Legião Negra, que está aqui, o encontrou e ficou com ele.

Qualquer coisa me diz que as coisas estão por terminar. Deus o permita.

Há aqui um rádio, na Intendência. Ouvi ontem a voz do nosso *Speaker* – que saudade! Ouvi também o decreto mandando pagar em dobro os vencimentos dos funcionários em campanha – e fiquei contente.

Telefone por mim a Mamãe.

Já conseguiu notícias do Neném? Quem sabe se ele virá pelo "Comandante Alcidio" que vai trazer paulistas de Santos?

E a Musmê? Muito triste? Dê-lhe um beijinho por mim.

Muitas e muitas saudades a todos.

---

[75] Pedro Aires Neto (1904-?) foi primeiro-tenente-médico na frente Norte.

E, para você, todo o meu coração e todo o meu pensamento num beijo cheio de nós dois.

Guilherme

[Carta autógrafa à tinta, assinada, 3 fls. em bloco sem pauta, 22,5 x 17 cm. Envelope azul, com rasgão na parte superior, azul, endereçado a Madame Guilherme de Almeida, 12, Alameda Ribeirão Preto, 12, São Paulo.]

5   Cunha, 31 de julho de 1932

Baby adorada

Ontem, quando eu acabara de entregar a Estevinho, que aqui esteve, uma cartinha para você, fomos violentamente surpreendidos por um ataque de artilharia, que tentou arrasar a cidade. É um crime inominável! Graças a Deus nenhum mal nos aconteceu, a nenhum dos nossos homens. Fiquei com receio de que você se alarmasse com essa notícia pelos jornais ou pelo rádio; e por isso, aproveitando o oferecimento de um amigo que vai para S. Paulo, apresso-me em mandar-lhe esta notícia. Não se assuste: não sofremos o mínimo arranhão. Foi um grande susto e nada mais.

Reze bastante por mim. Telefone a Mamãe e ao pessoal de Carlos tranquilizando a todos.

Um beijo cheio de todo o meu amor,
Guilherme

Saudades
do Carlos

Abraço do Tácito

[Carta autógrafa à tinta, assinada, 1 fl. em bloco pautado, 26,5 x 19,5 cm. Envelope branco, endereçado a Madame Guilherme de Almeida, 12, Alameda Ribeirão Preto, 12, São Paulo, anota o número do telefone.]

6   Cunha, 1º de agosto de 1932

Baby, meu amorzinho

De saúde, estamos todos bons. Mas como isto está durando!
Será portador desta o Dr. Braga, delegado de polícia daqui. Deus permita que ao menos esta você receba. A Liga nos abandonou: há 4 dias que não lemos um jornal, não temos um correio...
Dormi, de ontem para hoje, pela 1ª vez na trincheira. Passei bem. Com Carlos e Taci. Agora, acabam de bombardear Cunha, de novo, criminosamente. Graças a Deus, nenhum único ferido.
Basta disto, para mim. Lembre ao Coaracy a sua promessa, por favor. E, se puder, mande-me uns cigarros.
Adeus, meu amor. Vivo pensando em você, no Guy, na Musmê: e isso é o que me consola e anima.
O maior e melhor beijo do seu
Guilherme

Tem recebido minhas últimas cartas?

[Carta autógrafa à tinta, assinada, 1 fl. em bloco pautado, 26,3 x 19,5cm. Envelope azulado da Liga de Defesa Paulista, endereçado a Madame Guilherme de Almeida, 12, Alameda Ribeirão Preto, 12, São Paulo, com carimbo do Correio Militar.]

7 Cunha, 2 de agosto de 1932[76]

Meu amor

Continuamos todos bons de saúde. Neste instante acaba de chegar aqui o Chico Amaral que nos contou que há um correio nosso em viagem para cá. Já não era sem tempo! Há vários dias que não tenho notícia alguma daí; e a minha inquietude é enorme. Como vão todos? A nossa casa? Como irá o Guyzinho no Rio? E mamãe? E os outros? E a Musmê?

Começamos agora a receber reforços. Hoje chegou a nossa 3ª Companhia e a 4ª e 1ª parece que estão de viagem para cá. Tenho muita esperança de que até o fim desta semana tudo terá terminado com a nossa vitória.

Tem recebido as minhas cartas e recados telefônicos?

A minha saudade é inenarrável. E, se não fosse a confiança em Deus, em você, meu amor, e em S. Paulo, talvez eu não resistisse.

Aqui vai o meu pensamento mais apaixonado, no mais carinhoso de todos os beijos

Guilherme

[Carta autógrafa à tinta, assinada, 1 fl. em bloco pautado, 26,5 x 19,5 cm. Envelope com rasgão na parte superior, endereçado a Madame Guilherme de Almeida, 12, Alameda Ribeirão Preto, 12, São Paulo, com carimbo do Correio Militar.]

---

[76] Guilherme trocou o mês, colocou julho.

8   Cunha, 3 de agosto de 1932

Baby, meu amor

Acaba de chegar o Dr. Rodolfo Freitas, trazendo-me os cigarros e o doce de leite e as pastilhas que você me mandou: Muito obrigado, meu amorzinho. Mas... carta? – Nada de nada! Por quê? Ainda ontem à noite veio um correio da Liga; abriram-se os sacos; havia cartas para todos, menos para mim. Por que será? Você tem recebido as minhas?

Como vai você? E mamãe? E o Guy: teve alguma notícia dele? E a Zizinha?

Nós, por aqui, vamos bem de saúde, graças a Deus. Confiando na vitória e esperando ansiosamente o fim desta Campanha, fazemos verdadeira vida de soldado: caminhadas, noites nas trincheiras, etc...

O Carlos, inseparável. Não é à toa que disseram aí que nós viríamos viver aqui o *Toi et Moi*...[77]

A saudade é que é o grande suplício coletivo.

Quero que você dê saudades minhas a todos: a mamãe, às cunhadas, à Maria, à Musmêzinha.

E aqui vai o meu beijo cheio de toda a minha ternura.

                            Guilherme

[Carta autógrafa à tinta, assinada, 2 fls. em bloco pautado, 22,5 x 17,5 cm. Envelope azulado, com timbre do 1º Batalhão da Liga de Defesa Paulista, carimbo em vermelho do Correio Militar MMDC, endereçado a Madame Guilherme de Almeida, 12, Alameda Ribeirão Preto, 12, São Paulo. No verso, carimbo em vermelho do Correio Militar MMDC Expedida.]

---

[77] Paul Géraldy. *Toi et moi*. Paris, Stock, 1912. *Eu e Você*. Traduzido por Guilherme de Almeida. São Paulo, Companhia Nacional, 1932.

9   Cunha, 4 de agosto de 1932 <u>Viva S. Paulo!</u>

Babyzinha, meu amor

Um grande beijo de saudade. Recebi agora mesmo uma carta sua de 30 de julho e os cigarros de 27. Muito e muito obrigado.

Estamos bem e não preciso, neste instante, nem de agasalho nem mesmo de cigarros.

Percebi, pela sua carta, a sua vontade de vir até aqui. <u>Pelo amor de Deus, não faça isso!</u> A cidade não tem comodidade alguma para você, de sorte que o sacrifício enorme que você faria não valeria os aborrecimentos da viagem e os perigos da estrada de Guará que, com as fortes chuvas de ontem e anteontem, está dificilmente praticável. Demais: a vitória está por dias.

Já estou usando o novo <u>bibi</u>: ficou ótimo e dá sorte.

Tem se divertido muito com a gente de *Chez* América? Dê a todos de lá muitas saudades minhas.

Até breve, meu amor. Uma festinha à Musmê e um beijo saudosíssimo, para você, deste seu bem triste mas confiante

                         Guilherme

Conte a Mamãe que ainda hoje eu lhe escrevo.[78]

[Carta autógrafa à tinta, assinada, 1 fl. em bloco pautado 25, 5 x 19 cm. Envelope pequeno azulado, endereçado a Madame Guilherme de Almeida, com carimbo em vermelho do Correio Militar MMDC, SATO. Dentro do envelope estão algumas violetas.]

---

[78] Trecho escrito na margem lateral esquerda da fl. 1, de cima para baixo.

10   Cunha, 5 de agosto de 1932

Babyzinha querida

Aproveito a amabilidade de um companheiro que vai a São Paulo, para mandar notícias nossas. Boas notícias: vamos bem de saúde e nada nos falta. Junto uma fotografia, que tirei aqui com o Dr. Clementino de Castro:[79] guarde bem, pois será um documento histórico.

As antiguidades que a Liga recebeu são do Nássara: um "cavador" exímio. Eu levarei para você apenas uma estola antiga e alguns pedacinhos de damasco velho que, bem tratados, com entremeio de ouro darão lindas toalhinhas para a nossa mesa D. João V. A cidade de Cunha, tradicional, tinha muita preciosidade; mas os "águias" (Wasth Rodrigues[80] & Cia) por aqui passaram há uns dois anos, e levaram tudo!

Li o meu artiguete no *Estado*; saiu muito bem.[81]

De maneira alguma, meu bem, não pense em vir até aqui: as chuvas constantes deixaram a estrada para Guará num triste estado. Seria um perigo inútil. No dia da Vitória, sim: se você quiser vir, com o Dr. Valdomiro, buscar-nos, será ótimo: há um mês que não entro numa "limusine".

Uma das boas famílias daqui – a família Querido – que fugiu para o sítio, entregou-nos a casa, toda mobiliada, e uma criada velha que lava, passa, arruma e faz café. Estamos pois, quando não vamos para a trincheira, muito bem acomodados.

Até breve, meu amor. Dê muitas saudades a Mamãe, a todos de casa e uma festinha carinhosa para a Zizinha.

O beijo saudoso e cheio de amor do seu

          Guilherme

---

[79] Clementino de Souza e Castro Jr. (1897-1980), engenheiro civil, autor do livro *Cunha 1932*. São Paulo, Paulista, 1935.
[80] José Wasth Rodrigues (1891-1957), pintor, desenhista, ilustrador.
[81] Guilherme está se referindo ao artigo "Cunha". Ver nota 39 na p. 60.

[Carta autógrafa, à tinta, assinada, 2 fls. em bloco pautado, 26,5 x 19,5 cm. Envelope azulado endereçado a Madame Guilherme de Almeida, 12, Alameda Ribeirão Preto, 12, São Paulo. No verso, SATO.]

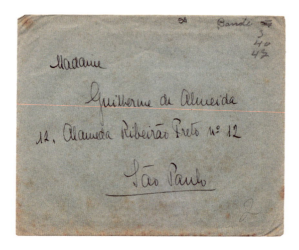

11   Cunha, 6 de agosto de 1932

Babyzinha adorada

Eu já tinha escrito hoje, para você, pelo correio do MMDC. Mas, como chegou agora de Guará o Chico Amaral, aproveito para lhe mandar mais este *post-scriptum*, que vai conter como todo P.S., o essencial. Isto: Você tem toda a razão não vale a pena lembrar ao Coaracy a sua promessa; escrevi aquilo num instante de tédio e nada mais.

Estamos sempre animados e com saúde. O frio daqui não se sente: não faz mal. Nem mesmo a chuva. É um clima ideal.

Carlos e eu estamos, há dois dias, montando guarda ao depósito de gêneros: nós mesmos nos apelidamos de guarda-comidas...

Basta de cacetear você. 2 cartas por dia... é pior do que Proust...

Um longo beijo de amor do seu
                       Guilherme

Recebeu o retrato?

Um bom rapaz da minha Companhia pediu-me arranjar-lhe um bibi: o seu número é 57 (57) de cabeça. Se você puder, mande-me, bem barato: de 5$000 para baixo.[82]

G

[Carta autógrafa à tinta, assinada, 1 fl. em bloco pautado, 26,5 x 19,5 cm. Envelope azulado endereçado a Madame Guilherme de Almeida, 12, Alameda Ribeirão Preto, 12, São Paulo. No verso, SATO.]

---

[82] Trecho escrito na margem esquerda da fl. 1, de cima para baixo.

12   Cunha, 7 de agosto de 1932[83]

Baby, meu amor

Duas palavras só, para aproveitar, às pressas, uma condução que vai a Guará.
Continuamos todos muito bem de saúde. Taci está barbudo como um gaúcho; Carlos faz a barba 2 vezes por semana; eu me barbeio todos os dias... A propósito: queria que você me mandasse cinco (5) lâminas de *Gillette* das novas (Casa Fachada). É só do que preciso.
Depois de amanhã faz um mês... parece um ano...
Dê muitas saudades minhas a todos, e faça por mim uma festinha à Musmê.
O beijo saudosíssimo do seu
                        Guilherme

[Carta autógrafa à tinta, assinada, 1 fl. bloco pautado, 26,5 x 19,5 cm. Envelope azulado, endereçado a Madame Guilherme de Almeida, 12, Alameda Ribeirão Preto, 12, São Paulo. Com carimbo em vermelho do Correio Militar MMDC, Expedida SATO (no verso).]

---

[83] Guilherme explicitou o dia da semana: "domingo".

13   Cunha, 8 de agosto de 1932

Babyzinha querida

Aproveito a amabilidade do pessoal da Record, que está aqui e parte hoje para S. Paulo, para mandar-lhe uma palavra de saudade e de carinho. Junto um artigo para o *Estado*: peço a você entregá-lo logo ao Hormisdas Silva, como da outra vez.

Sabe quem esteve ontem aqui, de passagem? – O Gofredo. Muito amável comigo; foi muito bem recebido por todos.

Ontem jantamos um peru! Foi a nossa primeira vítima...

Dormi, esta noite, de pijama e calcei os meus chinelos. Que bom! Parecia que eu estava em casa...

Não se inquiete com o frio: a gente que nos hospedou forneceu-me um cobertor ótimo, quentíssimo, que cozinha a gente na cama.

Até breve, meu amor. Muitas festinhas à Musmê e saudades a todos.

Um longo beijo do seu

Guilherme

[Carta autógrafa à tinta, assinada, 1 fl. em bloco pautado, 26,5 x 19,5 cm. Envelope azulado endereçado a Madame Guilherme de Almeida, 12, Alameda Ribeirão Preto, 12, São Paulo, no verso: SATO.]

14   Cunha, 9 de agosto de 1932[84]

Babyzinha querida

Antônio chegou hoje e vai partir já: vou escrever-lhe, pois, a minha 2ª carta de hoje.
Muito obrigado pelo "bibi".
Sincerissimamente – escute: Seria uma alegria doida, para mim, poder voltar a S. Paulo, para sempre e com a vitória. Mas, por um dia, dois, três dias e ter que voltar; ou mesmo ir antes do fim... – seria um inferno. Quase um crime. Eu acho que eu morreria de vergonha.
Paciência, meu amor. Vamos esperar: não há de tardar. O Coaracy escreveu-me pedindo-me que viesse, que pedisse uma licença aqui (que absurdo!) e voltasse. É impossível e incrível! Só mesmo com uma ordem do Klinger[85] – isto é, ordem militar à qual um simples soldado não pode desobedecer – é que eu poderia sair daqui.
Até breve, meu amor! Mando para você os damascos velhinhos de que lhe falei. Aproveite aí os ócios da viuvez e ponha uns galões ouro-velho nisso, para que a nossa casa fique bem bonitinha para o dia da vitória, para a Festa de São Paulo! (A estola, conserve como está). Acabamos de receber a geleia de goiaba. Ótimo! *Merci*
Antônio já vai. Adeus, meu amor. Beijinho no barrigor da Zizinha.
Um grande, saudoso beijo do
                      Guilherme

P.S. – Antônio resolveu partir amanhã bem cedo; e agora, ao anoitecer, recebi mais a camisa de lã que você me mandou e uma longa, adorável e queixosa cartinha sua. Eu conto a você tudo, meu bem; não é grande coisa esse tudo, porque a vida aqui é uma pasmaceira. Uma

---

[84] Guilherme explicitou o dia da semana: "domingo".
[85] Comandante militar da Revolução Bertoldo Klinger (1894-1969).

pasmaceira entrecortada de boatos – e nada mais. O inimigo anda disperso, aos grupos, e raramente ataca. Ontem fizemos um prisioneiro que nos contou a desordem que reina entre eles.

Você se queixa de que eu não peço, não preciso de nada... Mas o que eu tenho aqui é já demais! Além disso, não é verdade: ainda há uns 3 ou 4 dias eu pedi umas lâminas *Gillette*... – Não se inquiete com as coisas remetidas: recebi tudo e tudo. O tal caminhão que virou não tinha nada comigo nem para mim. Recebi tudo: cigarros (3 vezes), chocolates, par de sapatos, as camisas de D. Cota, a lata de cracker, a bronchitina, a corifina, as meias pretas, o capuz de lã, as joelheiras, as meias de golfe, o pijama de flanela, os chinelos... tudo! Nada se perdeu, por enquanto, graças a Deus.

Um segredo: – até ontem, as coisas para o Carlos e para mim iam indo às mil maravilhas; mas, com a chegada (que azar!) do tal Sr. Rubens, começam a se encrencar. Ele acha que todos nos tratam bem demais e faz força para que não possamos dormir em casa, etc... É um completo f. d. m.! O Carlos prometeu que à primeira interferência, esmurrava-o! Deus queira que assim seja!

3 páginas! Gostou? – Até breve, meu bem. Mando para você um beijo cheio de tudo o que pode haver de bom em mim

Guilherme

[Carta autógrafa à tinta, assinada, 3 fls. em bloco pautado, 26,5 x 19,5 cm. Envelope pequeno azulado endereçado a Madame Guilherme de Almeida, 12, Alameda Ribeirão Preto, 12, São Paulo. No verso, carimbo do Correio Militar MMDC, Expedida.]

15   Cunha, 9 de agosto de 1932[86]

Meu amorzinho

É a segunda carta que hoje lhe escrevo. "Pau", não? Mas é que acabo de receber o pijama, os chinelos e a sua carta. Muito obrigado! Acho, porém, que terei que comprar aqui uma grande canastra para levar tudo...

Uma coisa de que eu precisava muito, agora, era o... Pedro Cabeleireiro. Estou, como diz a Germana, lanudo... O resto, vai às mil maravilhas. Logo que obtiver cópias de umas fotografias tiradas aqui, lhe mandarei.

Quanto ao aviso do Banco, não se incomode: creio que se trata de uma das duplicatas da Rádio. Não tem importância. E quanto ao ordenado da Escola, é melhor deixar para a minha volta: teremos muita coisa que pagar. Você ainda tem dinheiro? Se faltar, peça ao Hormisdas, no *Estado*, que deve estar com 2 quinzenas minhas.

Adeus, meu amor. Um grande, grande beijo de saudade do
                                      Guilherme

[Carta autógrafa à tinta, assinada, 1 fl. em bloco pautado, 26,5 x 19,5 cm. Envelope azulado, endereçado a Madame Guilherme de Almeida, 12, Alameda Ribeirão Preto, 12, São Paulo. No verso, carimbo do Correio Militar, e Correio e Telégrafos, SATO.]

---

[86] Guilherme explicitou o dia da semana: "domingo".

16   Cunha, 9 de agosto de 1932

Baby querida

Um mês hoje... mas o nosso ânimo é cada vez maior e melhor.

E aí, como vão todos? Está gostando de sua <u>viuvez</u>? Continua a comer em casa de Mamãe? Está mais gorda ou mais magra?

Estevinho e o Rubens chegaram ontem de Guará para ficarem conosco: estamos hospedados todos na mesma casa. Todos otimamente.

Ontem estive nas trincheiras do Tenente Abílio[87] – um cearense de grande valor e simpatia, que é seu parente. Conhece toda a sua família. E me adora...

Recebeu a foto que lhe mandei? Não se esqueça de mandar-me as 5 lâminas de *Gillette* <u>das novas</u>, que lhe pedi.

Peça a Deus para que isto termine logo, para que acabe depressa esta saudade que é o meu martírio.

Saudades a todos. Um carinho à Zizinha. E, para você, o beijo mais amoroso do

                      Guilherme

[Carta autógrafa à tinta, assinada, 1 fl. em bloco pautado, 26,5 x 19,5 cm. Envelope pequeno azulado endereçado a Madame Guilherme de Almeida, 12, Alameda Ribeirão Preto, 12, São Paulo. No verso, SATO.]

---

[87] Abílio Pereira de Rezende (1882-1958), membro do Exército, comandou as tropas constitucionalistas em Lorena, depois chegou a general de brigada do Exército.

17 Cunha, 10 de agosto de 1932

Babyzinha querida,

Antônio partiu essa madrugada com uma carta e um presentinho meu para você. Mas agora (3 horas da tarde) acaba de chegar o Bentinho Camargo e eu não resisto à tentação de escrever uma segunda carta. Você que aguente... Você gosta tanto de ler, não é mesmo?

Recebi, pelo Bentinho, 10 caixas de cigarros e a sua cartinha de ontem. *Merci!* Mas, por favor, não perfume mais as suas cartas: dão uma saudade completamente louca.

Agora, tão cedo, não me mande mais cigarros: tenho muitos e estou fumando menos. Só quando eu pedir – e eu pedirei com uns 4 dias de antecedência – você pode mandar.

Recebeu o meu artigo para o *Estado*? Já saiu? Você gostou? Contaram-me que a Rádio Phillips do Rio passou-me, outro dia, uma descompostura tremenda: – É verdade? Você ouviu?

Quanto aos capacetes de aço, o que há é o seguinte: ninguém me ofereceu nada; aliás poucos, bem poucos chegaram até esta infeliz 2ª Companhia... E mesmo que eu recebesse, não o aceitaria: não estou agora nas trincheiras e preferiria ceder o meu a qualquer pobre soldado lá da frente. Em todo caso, se você puder arranjar um com o Couto (nº 58) peça e guarde para o Guy, como lembrança dessa guerra.

Fiquei bastante inquieto sabendo que você está mais magra. Por quê? Comida pior? Preocupação? Farrinha?

Por falar em "farrinha": recebi uma carta adorável de Moussia,[88] que ainda não respondi por falta de papel decente. Mas responderei.

[88] "[...] Não tenho escrito a você por falta de papel bonito e a boa pena. Você como poeta tem direito a estes *raffinements*, mas *à la guerre, comme à la guerre*, escrevo de qualquer jeito [...] tirar bastante fotografias para poder relembrar depois este tempo, que pelo entusiasmo, coragem dos paulistas, e pela pureza do ideal, até parece o tempo das cruzadas. Tem senhoras aqui, que já deram todas as joias da

O Bentinho reeditou o pedido de minha ida a S. Paulo. Eu só iria com uma ordem direta do Klinger: isto é, como <u>ordem militar</u> que eu não poderia desobedecer. Você sabe que a saudade é enorme; mas o dever é... infinito.

Até breve, meu bem (queira Deus seja mesmo "até breve"). Dê saudades a todos, inclusive a Zizinha. E, para você, o beijo mais amoroso do

Guilherme

Continuamos, Carlos e eu, guardas-comidas... Recebemos roupa em penca, sapatos, etc... Já requisitei farda e camisa nova, <u>de graça</u>! Por isso, não me mande mais roupa alguma.[89]

[Carta autógrafa à tinta, assinada, 2 fls. em bloco pautado, 25 x 19,5 cm. Envelope pequeno azulado endereçado a Madame Guilherme de Almeida, 12, Alameda Ribeirão Preto, 12, São Paulo. No verso, carimbado Correio Militar MMDC Expedida. SATO.]

---

família, já arranjaram 10 mil capacetes de aço." A carta está assinada: Moussia, mas não está datada.

[89] Trecho escrito na margem lateral esquerda da fl. 2, de cima para baixo.

18   Cunha, 11 de agosto de 1932

Meu amor

Duas palavras, às pressas, para dar notícias minhas. É sempre <u>às pressas</u> que nós escrevemos: porque o Correio, mal chega, parte logo; e a gente precisa aproveitar logo, senão...
Todos bons de saúde. Nenhuma novidade no *front*.
E aí, como vão? Você tem saído muito? Muitas telefonadas?
Carlos e eu continuamos no armazém de secos (sem molhados) trabalhando muito. Ontem foi um dia cheio; à noite, houve forte combate sem resultado mau para nós.
Já respondi ao Coaracy. Vamos ver o que resolve o Klinger.
Até breve, meu bem. Muitas saudades a todos, sem esquecer a Mêmê.
E um grande, saudoso beijo do seu
Guilherme

[Carta autógrafa à tinta, assinada, 1 fl. em bloco pautado, 25 x 19 cm. Envelope branco, endereçado a Madame Guilherme de Almeida, 12, Alameda Ribeirão Preto, 12, São Paulo. No verso, SATO.]

19   Cunha, 12 de agosto de 1932

Baby, meu amor

Ontem não tive carta sua: pareceu-me um dia que não existiu, ou antes, que existiu demais, que não acabava nunca. Hoje cedo, felizmente e por um acaso, recebi a sua cartinha de 10, contendo as lâminas *Gillette*. Disse "por um acaso" porque parece que veio pelo René Thiollier, que está a uns 14 quilômetros de Cunha; esse homem não liga a nada: mandou para cá a sua carta misturada com a correspondência do Tenente Alberico (a atual paixão do Carlos...), que além de lindo é um excelente rapaz que me entregou agora mesmo, 11 horas da manhã aquela carta com as lâminas.

Por falar em lâminas: a Casa Fachada enganou você vendeu das <u>antigas</u> e não das <u>novas</u>. Mas não faz mal; para Cunha servem; não me mande outras. Quanto ao sabão, também não mande: ainda tenho muito.

O Carlos me fez presente, outro dia de um vidro de Aristolino... ótimo!

Mando para você umas violetas de Cunha: são dobradas, claras e perfumadíssimas. Acho-as lindas. Foi um rapaz que colheu esta manhã e me ofereceu.

Todos aqui – oficiais e soldados – são assim comigo: vivem me presenteando, convidando-me para ir às suas trincheiras, para reanimar o pessoal, pedindo-me autógrafos, fazendo-se fotografar comigo, etc... Destas fotografias (que são reveladas em Guará) ainda não tenho cópias: logo que as obtiver, mandarei a você.

Perdemos, como lhe contei, nossa pensão: as cozinheiras, tolamente, fugiram daqui esbaforidas... Por isso, ontem, fiz o jantar para nós 5: fritada de ovos com sardinhas, patê de *foie-gras*,[90] salsichas quentes (*hot dogs*), etc...

---

[90] Patê de fígado de ganso ou de pato, muito comum na França.

Hoje, porém, graças a Deus, o dono da casa em que moramos pôs à nossa disposição a sua criada, que já nos estava servindo (lavando e arrumando) e que cozinha também um pouco. E ficamos assim organizados: Rubens, provisionador-chefe, Estevinho, transportador; Taci, comedor-mor; Carlos e eu requisitadores... E creio que a coisa vai bem...

Desta carta você não pode queixar-se: está longa e minuciosa. Mas, basta! Muitas e muitas saudades a todos. Para a Zizinha, uma festinha bem <u>patronífica;</u> e para você, todo o meu amor, num grande beijo

Guilherme

[Carta autógrafa à tinta, assinada, 2 fls. em bloco pautado, 26,5 x 19,5 cm. Envelope pequeno azulado, carimbado em vermelho Correio Militar MMDC, endereçado a Madame Guilherme de Almeida. No verso, Expedida, SATO. Dentro do envelope existem algumas violetas.]

20   Cunha, 13 de agosto de 1932

Baby adorada

São duas da tarde e ainda não tive carta sua, hoje. O correio chegou cedo: nada, nem uma palavra sua. Apenas uma carta de Mister Whyte – coitado! – que me diz estar de cama, desenganado; e 2 exemplares do meu hino *O Passo do Soldado*, muito bem impresso, enviado pelos editores. Fico inquieto com o seu silêncio, imaginando mil coisas...

Ontem esteve aqui o nosso comandante, Capitão Nascimento, que me contou que esteve com você na Liga e que recebera uma requisição do Klinger sobre a minha ida a São Paulo, já. Esqueceu, porém, de trazer de Guará esse ofício: de sorte que estamos esperando tal papel para resolvermos à vista dele, o que faremos. Se eu for, será com Carlos para salvarmos a Liga. Mas não conte nada disso a ninguém.

Na sua carta, que ontem respondi, trazida pelo Thiollier, esqueci-me de me referir a duas perguntas suas: sobre a geleia de goiaba e sobre os sobretudos impermeáveis. Recebemos e agradecemos as três latas de geleias; quanto ao sobretudo, não convém mandar, pois o tempo aqui está agora firme e quente. Em todo caso, *merci* pela lembrança.

Continuamos a comer na nossa *garçonnière*[91] e muito bem. Estevinho está se revelando um excelente cozinheiro: fez hoje uma farofa de ovos, da pontinha...

---

[91] Apartamento outrora alugado por homens solteiros. Em São Paulo, ficou famosa a *garçonnière* alugada por Oswald no centro da cidade, na rua Líbero Badaró 67, frequentada por Guilherme de Almeida, Menotti del Picchia, Monteiro Lobato, Leo Vaz, Vicente Rao, Pedro Rodrigues, Ferrignac, e outros. Lá foi construído o livro coletivo *O perfeito cozinheiro das almas deste mundo...*, em 1918, cuja musa foi a normalista Deise, com quem Oswald se casou num leito de hospital, pouco antes de sua morte, vítima de um aborto malfeito (há uma bela edição fac-similada, de 1987, organizada por Frederico Nasser, para a editora Ex Libris).

Você está bem? Emagreceu mais? Tem saído muito? Encontrado muita gente? Você não me respondeu ainda se o dinheiro já acabou ou não. Diga-me com franqueza para eu poder providenciar.

Adeus, meu amor. Quem sabe se "até breve"? Deus o queira. Saudades a todos e festinhas na Zizinha.

Para você, todo o meu coração e toda a minha saudade neste grande beijo.

Guilherme.

Recebeu a minha expressa ontem?

[Carta autógrafa à tinta, assinada, 2 fls. em bloco pautado, 26,5 x 19,5 cm. Envelope branco endereçado a Madame Guilherme de Almeida, 12, Alameda Ribeirão Preto, 12, São Paulo. O envelope está com o selo do IV Centenário da Colonização do Brasil 1532 e carimbo do Correio de Guaratinguetá.]

Cunha, 15.VIII.932 - Domingo

Beby, meu amor,
                    Acabam de chegar a Cunha o dr.
Waldemar Ferreira, o dr. Altino Arantes, o sr. Commandante
da Força Publica, etc... E o dr. Paulo Arantes, por grande
gentileza, vindo directamente a S. Paulo, quiz prestar-se
a levar-te esta.
                    Junto umas photographias que
tirei aqui em companhia do tenente Abrigo e de varios re-
-prezes Cunhenses, entre os quaes o sr. Vice Municipal, que tão
bondosamente nos hospeda. Estão autographadas estas
photos: são, pois, historicas. Peço a você que as guarde
muito bem.
                    Será que hoje terei carta sua? Tres
dias sem noticias... Recebeu a minha telephonada de
guerra, por intermedio do dr. Guilherme Gonçalves?
                    Ganhei de presente, aqui, uma
lata de cacáu Nescáu: é de Nestlé; uma especie do
famoso C.S.K. Experimente ahi: você vae gostar muito.
                    Acabo de ouvir missa pelo padre
Arnaldo Arruda, companheiro de Almirado. É um ho-
-mem admiravel, physica e moralmente parecido com

o Padre Anchieta. Disse-me, outro dia, nas trincheiras: O altar foi armado sobre cunhetes de munição...

Nós todos continuamos bem de saúde. Li, no "Estado" a notícia do grande combate, de Cunha, de 11 do corrente. Correu tudo muito bem: não tivemos uma única baixa.

Escreve, por favor, dando notícias actualizadas e verdadeiras da sua saúde e dos meus.

Toda a minha saudade nesse grande beijo.

Guilherme

21   Cunha, 15 de agosto de 1932[92]

Baby, meu amor

Acabam de chegar a Cunha o Dr. Valdemar Ferreira, o Dr. Altino Arantes, o Sr. Comandante da Força Pública, etc... E o Dr. Paulo Arantes,[93] por grande gentileza, indo diretamente a S. Paulo, quis prestar-se a levar esta carta.

Junto umas fotografias que tirei aqui em companhia do tenente Abílio e de vários rapazes cunhenses, entre os quais o Sr. José Querido, que tão bondosamente nos hospeda. Estão, autografadas essas fotos: são, pois, históricas. Peço a você que as guarde muito bem.

Será que hoje terei carta sua? Três dias sem notícias... Recebeu a minha telefonada de Guará, por intermédio do Dr. Guilherme Gonçalves?

Ganhei de presente, aqui, uma lata de cacau nescau: é da Nestlé; uma espécie do famoso L. S. K. Experimente aí: você vai gostar muito.

Acabo de ouvir missa pelo padre Arnaldo Arruda, companheiro de Aguinaldo. É um homem admirável, física e moralmente parecido com o Padre Anchieta. Disse missa, outro dia, nas trincheiras: o altar foi armado sobre cunhetes de munição...

Nós todos continuamos bem de saúde. Li, no *Estado*, a notícia do Grande Combate, de Cunha, de 11 do corrente. Correu tudo muito bem: não tivemos uma única baixa.

Escreva, por favor, dando notícias detalhadas e verdadeiras da sua saúde e dos mais.

Toda a minha saudade neste grande beijo
                                Guilherme

---

[92] Guilherme explicitou o dia da semana: "domingo".
[93] Valdemar Martins Ferreira (1885-1964), político, jurista, professor de direito, secretário dos Negócios da Justiça durante a Revolução de 1932, um dos exilados em Portugal; Altino Arantes Marques (1876-1965), bacharel em Direito e político, também exilado em Portugal.

[Carta autógrafa à tinta, assinada, 2 fls. em bloco pautado, 26,5 x 19,5 cm. Envelope branco endereçado a Madame Guilherme de Almeida, 12, Alameda Ribeirão Preto, 12, S. Paulo, PEF e anota o telefone.]

GRANDE BAILE

ORGANISADO PELA

ASSOCIAÇÃO DE ASSISTENCIA ÁS FAMILIAS DOS PRESOS E EXILADOS

A SE REALISAR NA

Séde da Sociedade Hippica Paulista

no dia 23 de Fevereiro, ás 22 horas

COMMISSÃO

Cecilia Cardoso de Almeida	Alfredo Mesquita
Cecilia Rodrigues Nobrega	Alfredo Pereira de Queirós
Cordelia Pereira de Queirós	Alvaro de Sá Filho
Dora Leme da Fonseca	Antonio Benedicto Cantinho
Dora Lindenberg	Antonio Cunha Freire
Guiomar Corrêa Pacheco	Carlos de Figueiredo Sá
Helena Pereira Leite	Geraldo Assumpção
Heloisa Fonseca Rodrigues	Jayme Fonseca Rodrigues
Inah de Aquino	João Conceição
Isabel Aguiar de Barros	Jorge Chaves Filho
Isabel de Castro	José Branco Lefévre
Judith Arruda Botelho	José Carlos Lefévre
Lucy Pestana da Silva	Octavio Mattos Penteado
Maria Antonieta Prates	Olavo Fontoura
Maria Candida Prates	Osvaldo Abreu Carvalho
Maria Lucilla Rezende	Plinio de Carvalho
Marina Nogueira	Plinio Loureiro
Marina Sodré	Raul Magalhães Lebeis
Martha Rodrigues	Sylvio Pires
Stella Fontoura	Sylvio Toledo Pisa
Stella Garcia da Rosa	Ulisses Teixeira
Yvanisa Malta	Wilson Caldeira

Grande Baile organisado pela A. A. F. P. E.

23-2-1933

25$

Convite para baile em homenagem aos exilados e suas famílias.

A NOSSA BANDEIRA

Bandeira da minha terra,
~~bandeira das treze listas:~~
~~da fumaça chispeantes~~
São treze ~~estradas~~ de guerra
~~como as que passa de nosso~~
cercando o chão dos Paulistas!
~~rasgadas de cafezaes...~~

~~Prece~~
~~Canto~~ alternado, responso
entre a côr branca e a côr preta:
vélas de Martim Affonso,
sotaina do Padre Anchieta!

Bandeira de bandeirantes,
branca e rôta, de tal sorte,
que entre os rasgões tremulantes
mostrou as sombras da morte!

~~Risco negro sobre o preto:~~
~~São cinco o rastro todo~~ na água barrenta
~~das......rolando o rio...~~
Branco e preto — a noite e o dia.

Dia e noite de anciedade:
noite em que o sonho annuncia
o dia da liberdade!

Preto e branco — os dois extremos:
a ausencia e a força das côres.
Tudo ou nada! ~~Sim~~ ainda montam
o coral dos laboratorios!

Pagina branca, pautada
por Deus numa hora suprema,
para que, um dia, uma espada
sobre ella escrevesse um poema:

o poema do nosso orgulho
—eu vibro quando me lembro—

que vae de nove de julho
a vinte e oito de setembro!

Mappa traçado na poeira
~~rasgo aberto na fronteira~~
~~traçado foi~~ pelas azas da
~~com um campo~~ de victoria:
cada lista é uma trincheira,
cada trincheira, uma gloria!

Tiras
~~Listas~~ que avançam... Ha nellas,
correndo num mesmo fito,
o impulso das parallelas
que ~~se encontram no~~ procuram o infinito.
É de perfil de litorarios;
é o coral de olivinhos;
são planos de trincheiras
são velhos ao modo vario...
Listas negras, firmes. Quando
~~traços rectos~~
o assaltante surge á frente,
são barras de aço guardando
nossa terra e nossa gente!

         * *

São os dois rapidos brilhos
do trem-de-ferro que passa:
faixa
~~lista~~ negra dos seus trilhos,
faixa
~~lista~~ branca da fumaça...

Fuligem das officinas,
cal que as cidades empôa!
Fumo negro das usinas
estirado na garôa!

NOSSA BANDEIRA

(1) Bandeira da minha terra,
bandeira das treze listas!
São treze lanças de guerra
cercando o chão dos Paulistas.

(2) Prece alternada, responso
entre a côr branca e a côr preta:
vélas de Martim Affonso,
sotaina do Padre Anchieta!

(3) Bandeira de bandeirantes,
branca e rôta de tal sorte
que, entre os rasgões tremulantes,
mostrou as sombras da morte.

(4) Riscos negros sobre a prata:
são como o rastro sombrio
que na agua deixava a chata
das monções subindo o rio...

(5) Preto e branco — dois extremos:
a ausencia e a fusão das côres.
Tudo ou nada! Ainda mantemos
o ideal dos desbravadores.
Preto e branco — a noite e o dia.
Dia e noite de anciedade:
noite em que o sonho annuncia
o dia da liberdade!

(6) Pagina branca pautada
por Deus numa hora suprema,
para que, um dia, uma espada
sobre ella escrevesse um poema.

(7) O poema do nosso orgulho
— eu vibro quando me lembro —
que vae de nove de Julho
a vinte e oito de Setembro...

(8) Mappa de patria guerreira
Victoria: traçado pela
cada lista é uma trincheira,
cada trincheira, uma gloria!

(9) Tiras rectas, firmes. Quando
o assaltante surge á frente,
são barras de aço guardando
nossa terra e nossa gente!

(10) São os dois rapidos brilhos
do trem-de-ferro que passa:
faixa negra dos seus trilhos,
faixa branca da fumaça...

(11) Fuligem das officinas,
cal que as cidades empôa!
Fumo negro das usinas
estirado na garôa!

(12) Linhas que avançam... Ha nellas,
correndo num mesmo fito,
o impulso das parallelas
que procuram o infinito.

(13) E' desfile de operarios!...
E' o cafezal alinhado...
São filas de voluntarios!...
São sulcos do nosso arado...

(14) Bandeira que é o nosso espelho,
bandeira que é a nossa pista,
que traz no tôpo vermelho
o coração do Paulista!

Guilherme de Almeida
S. Paulo, 2. XI. 945.

Acima: Foto de Baby (s.d.), possivelmente da década de 1930. Abaixo: Foto oferecida por Baby a Guilherme, por ocasião do noivado dos dois, em 1923 (ambas do acervo Maria Isabel Barrozo de Almeida).

Título	Cartas da trincheira: correspondência entre Guilherme de Almeida e sua musa (1932)
Organização	Maria Eugenia Boaventura
Coordenador editorial	Ricardo Lima
Secretário gráfico	Ednilson Tristão
Preparação dos originais e revisão	Lúcia Helena Lahoz Morelli
Editoração eletrônica	Ednilson Tristão
Design de capa	Estúdio Bogari
Formato	14 x 21 cm
Papel	Avena 80 g/m^2 – miolo Cartão supremo 250 g/m^2 – capa
Tipologia	Minion Pro
Número de páginas	136

Imagem de quarta capa
O poeta Guilherme de Almeida, ao lado
do "mascotte" Roque, da guarnição de Cunha.

ESTA OBRA FOI IMPRESSA NA GRÁFICA CS PARA
A EDITORA DA UNICAMP E A EDITORA UNIFESP EM DEZEMBRO DE 2024.